Point de croix

40 modèles à broder pour les enfants

À Julien, Clément, Emma

Une partie des broderies a été réalisée par la société Paco à Madagascar, le reste par l'auteur.
Une partie de la couture, conçue par l'auteur, a été assemblée par Mme Gaci.

Point de croix

Catherine Allègre-Papadacci

40 modèles à broder pour les enfants

Photographies de Louis Gaillard

Stylisme de Pauline Ricard

DMC Creative World

Arts d'intérieurs

ARMAND COLIN

Remerciements

Je remercie tous ceux et toutes celles qui
m'ont encouragée patiemment dans la réalisation de ce livre :
Pauline Ricard pour son style inventif, raffiné et actuel, qui sait si bien mettre
en valeur mes broderies, Anne Favier pour sa disponibilité,
Louis Gaillard pour la qualité de ses photographies,
la société DMC pour son aide, Renée Gaillard pour ses
précieux conseils en mercerie et son enthousiasme,
l'imprimerie Baudelaire pour l'impression du papier quadrillé.

Je remercie également : toute l'équipe d'Arts d'intérieurs,
Alexandra Metz pour son talent de maquettiste,
Françoise Gacon pour son travail subtil et efficace.

Et, tout particulièrement, mon mari pour son aide patiente, sans faille,
et pour la réalisation d'un grand nombre de diagrammes,
mes enfants pour leur soutien impatient, en qui je
puise l'essentiel de mon inspiration.

Diagrammes : Catherine Allègre-Papadacci
Conception graphique : Alexandra Metz
Photogravure : Arciel Graphic, Paris
Imprimé et relié en France par Mame, Tours

ISBN : 2-84229-045-3
Code éditeur : I00045
Achevé d'imprimer en février 1999
Dépôt légal : septembre 1998
1re édition

Arts d'intérieurs - Armand Colin - 12, avenue d'Italie - 75013 Paris

Sommaire

Introduction

C'est avec un plaisir infini que j'ai composé ce deuxième livre, portée par l'espoir de vous plaire à nouveau. Merci à vous qui m'avez écrit, à vous que j'ai rencontrés, à vous qui avez réalisé mes modèles. Je suis heureuse d'avoir contribué, par mes petites croix, à cette passion qui nous unit. Mais comme toute passionnée, la brodeuse est insatiable, il lui faut continuellement de nouveaux modèles ! C'est la raison de ce deuxième livre. Les enfants restent un sujet inépuisable, ils grandissent tandis que d'autres naissent, et nous avons toujours envie de les gâter, de les voir heureux. Les moments qui marquent leur vie : naissance, anniversaires, Noël, premières années d'école, souvenirs de vacances, sont autant d'occasions de leur prouver notre affection. Les jeunes mamans ne s'y trompent pas, elles sont nombreuses à broder leurs premières croix pour célébrer la naissance de leur bébé. Alors, débutantes ou expertes, je vous promets de longues heures de plaisir, une aiguille et du fil dans les mains, à broder pour les enfants de votre cœur, comme je l'ai fait pour les miens et pour les vôtres. Pour toute récompense, je vous souhaite de voir briller autant de joie dans les yeux de vos enfants que j'en ai vu dans ceux de ma fille le jour où je lui ai présenté Moustache et Lili.

Catherine A.-P.

La naissance

Plaid

L'arbre de vie

Symbole traditionnel des marquoirs, ce modèle ouvre les pages et suscite l'enthousiasme des brodeuses.

Mouliné Spécial DMC

- ✕ 966
- + 367
- ■ 371
- · 3752
- ◖ 931
- ◣ 3750
- —— pt de piqûre, voir diagramme

Fournitures

Une couverture en laine polaire écrue : 100 x 150 cm.
Tire-fil (5 croix au cm) : 32 x 32 cm.
Une échevette de Mouliné Spécial DMC : vert 367, marron 371, bleu 3752, 3750.
Deux échevettes de Mouliné Spécial DMC : vert 966.
Trois échevettes de Mouliné Spécial DMC : bleu 931.

Réalisation

Repérer le milieu de la couverture en la pliant en quatre, coudre le tire-fil à cet emplacement. Broder au point de croix avec 3 brins de Mouliné et au point de piqûre avec 2 brins, en prenant les deux épaisseurs ensemble. Suivre les indications du diagramme. Orienter l'arbre en plaçant le bas du tronc parallèlement au petit côté de la couverture. La broderie terminée, ôter le tire-fil, repasser sur l'envers. Broder de grandes croix bleues avec les 6 brins du Mouliné 931, en pointillé autour de la couverture, sur la couture de l'ourlet.

TEDDY COOK

Bavoirs

Les lapins et les nounours

Nounours et petit lapin en bonne harmonie s'échangeront leur bavoir.

Fournitures

Pour un bavoir
Toile de lin blanc (12 fils au cm) : 50 x 30 cm.
Ruban de satin rose ou bleu : 100 cm.
Passepoil fin rose ou bleu : 135 cm.
Une échevette de Mouliné Spécial DMC :
Pour le bavoir rose
rose 776, 899, jaune 725, bleu 322, 336, vert 320, gris 414, Blanc.
Pour le bavoir bleu
bleu 3325, 322, 336, vert 320, marron 433, 435, 437, Blanc.

Réalisation

Sur la toile, reporter les contours du devant du bavoir avec un crayon à patron. Repérer l'emplacement du motif en prenant garde à bien le centrer. Broder au point de croix avec 2 brins de Mouliné sur 2 fils de trame. Pour le point de piqûre et le point de nœud, utiliser 1 brin. La broderie terminée, repasser soigneusement sur l'envers.

Couper les pièces du patron (voir page 15) en ajoutant 1 cm pour les coutures. Assembler le devant et les dos par les coutures des épaules. Faire de même pour le dessous du bavoir. Repasser les coutures ouvertes. Bâtir le passepoil tout autour du dessus du bavoir en commençant par un angle du dos. Bâtir également quatre morceaux de ruban dans les angles. Poser le dessus sur le dessous endroit contre endroit, piquer tout autour en prenant le passepoil et les rubans dans la couture, laisser une ouverture d'environ 5 cm dans le dos pour retourner. Cranter l'arrondi de l'encolure et les angles, puis retourner sur l'endroit, fermer l'ouverture à petits points cachés. Repasser soigneusement.

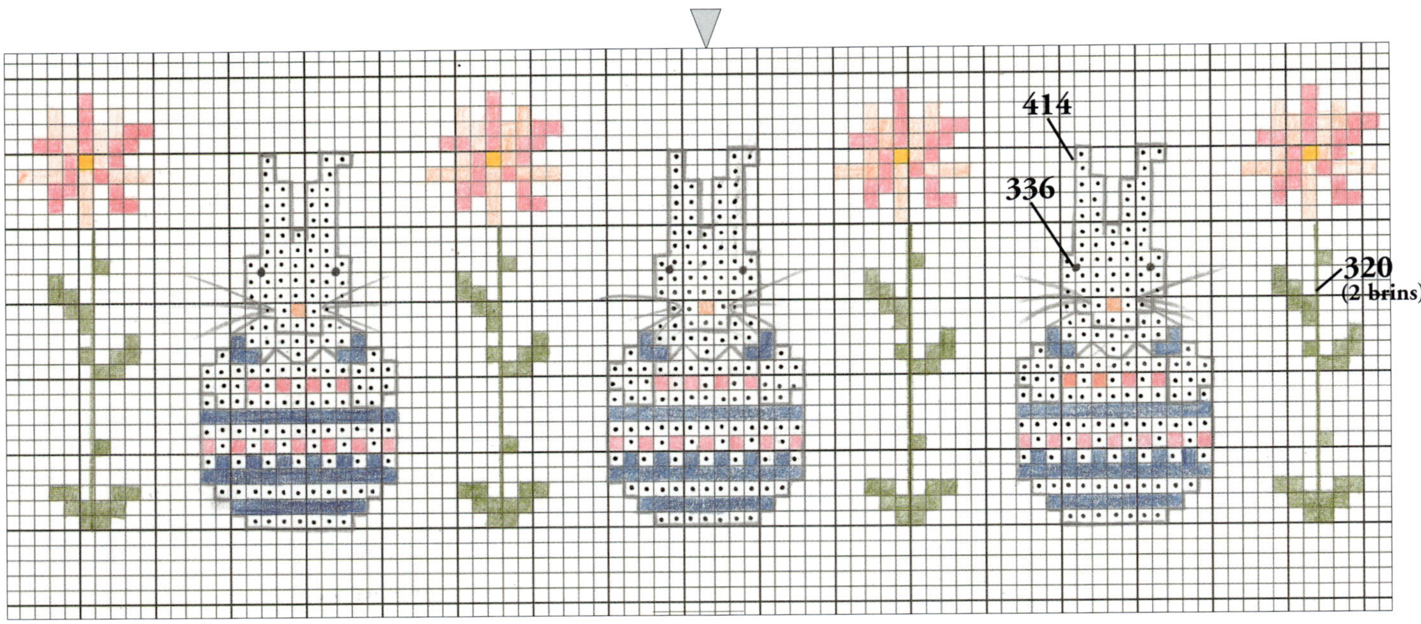

Mouliné
Spécial DMC

- 899
- 776
- 725
- 320
- 322
- Blanc

— pt de piqûre, voir diagramme

• pt de nœud 336

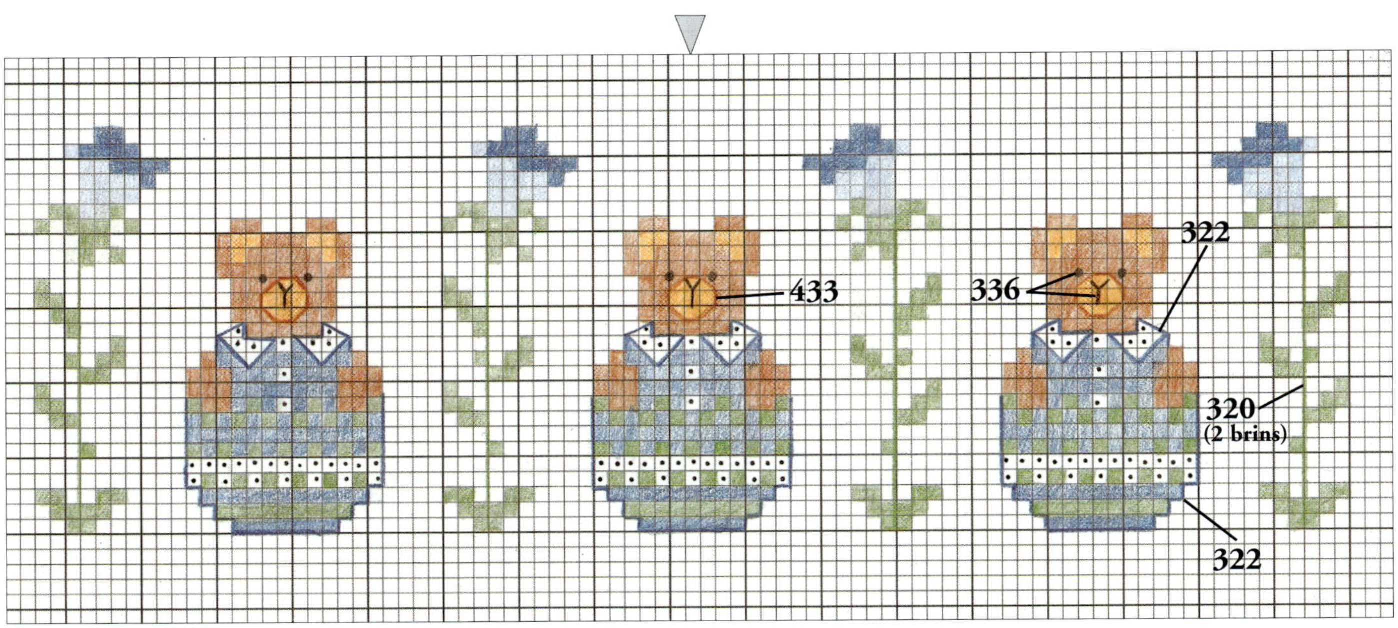

Mouliné
Spécial DMC

- 322
- 3325
- 320
- 435
- 437
- Blanc

— pt de piqûre, voir diagramme

• pt de nœud 336

Patron des bavoirs

Pour obtenir la taille réelle, agrandir à 114 %

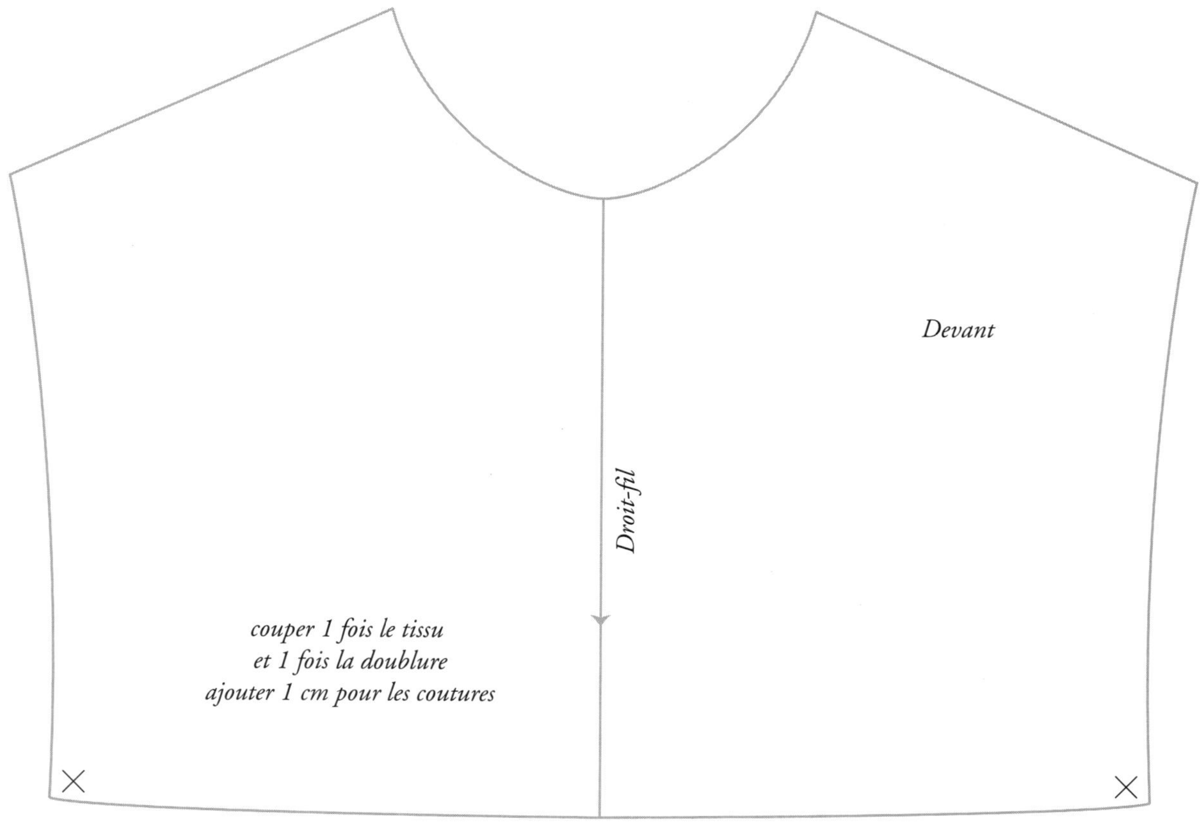

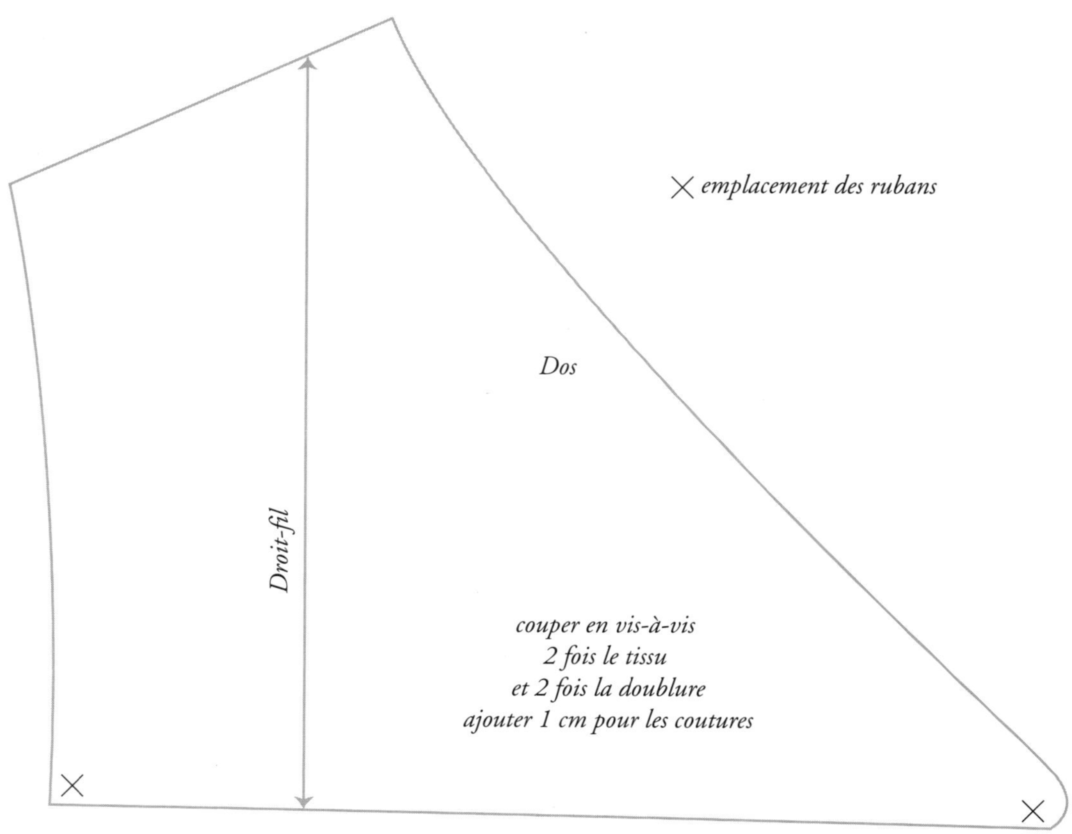

× *emplacement des rubans*

Parure de berceau

Les souris

Deux gentilles souris de bleu vêtues veillent sur les rêves de bébé.

Fournitures

Pour la taie
Toile de lin blanc (12 fils au cm) :
51 x 37 cm (dessous et rabat),
51 x 37 cm (dessus et rentré),
bande de 11 x 37 cm (doublure du rabat)
coutures comprises.
Passepoil fin bleu clair, 37 cm.
Cinq petits boutons boules bleu clair.

Pour le drap
Toile de lin blanc (12 fils au cm) : 98 x 78 cm,
7 x 78 cm (dessous du revers)
coutures comprises.
Passepoil fin bleu clair, 78 cm.
Une échevette de Mouliné Spécial DMC :
Pour le drap et la taie
bleu, 336, 322, 3325,
vert 966, 562, rose 353,
gris 414, Blanc.

Pour le couvre-lit
Toile de lin blanc (12 fils au cm) :
60 x 70 cm (dessus),
deux fois 45 x 70 cm (dessous).
Passepoil fin bleu clair, 260 cm.
Ruban à pressions : 66 cm.
Une échevette de Mouliné Spécial DMC :
vert 562, 966.
Quatre échevettes de Mouliné Spécial DMC :
bleu 3325, 322.

Réalisation

La taie Repérer sur le dessus et le dessous l'emplacement des broderies (fig. page 18). Broder au point de croix avec 2 brins de Mouliné sur 2 fils de trame. La broderie terminée, repasser soigneusement sur l'envers. Faire un petit rentré de 1 cm puis un ourlet de 10 cm sur le côté non brodé du dessus de la taie. Sur le dessous, du côté de la broderie, bâtir le passepoil puis la bande de 11 cm (doublure du rabat), endroit contre endroit. Piquer, retourner sur l'envers, faire un petit rentré de 1 cm et piquer pour maintenir. Plier le rabat du dessous de la taie, sur l'endroit ; poser par-dessus le dessus de la taie, le tout, endroit contre endroit. Piquer sur les trois côtés, retourner, repasser soigneusement. Faire cinq boutonnières, coudre les boutons.

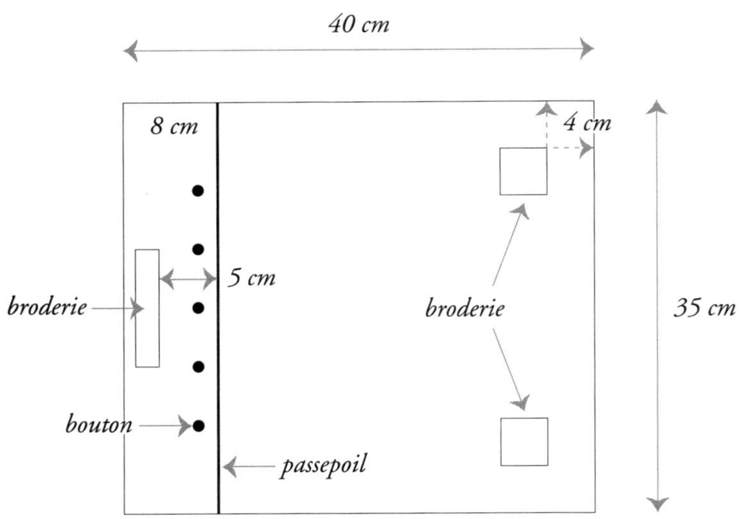

Dimensions de la taie terminée.

Le drap Repérer le milieu du drap en le pliant en deux dans le sens de la longueur. Broder au point de croix avec 2 brins de Mouliné sur 2 fils de trame. Le bas de la broderie (ligne continue en bleu ciel) doit se trouver à environ 6 cm du bord. Pour le point de piqûre, utiliser 1 brin. Centrer le motif en utilisant les indications du diagramme. La broderie terminée, repasser soigneusement sur l'envers. À 5 cm du bas de la broderie, bâtir le passepoil puis poser la bande du revers, endroit contre endroit, sur le drap. Piquer au ras du passepoil. Retourner sur l'envers, faire un rentré de façon à être au ras de la broderie et piquer. Réaliser un ourlet de 1 cm sur les trois autres côté. Repasser soigneusement.

Le couvre-lit Repérer le milieu de la toile en la pliant en quatre. Broder au point de croix avec 2 brins de Mouliné sur 2 fils de trame. Pour le point de piqûre, utiliser 1 brin. Centrer le motif en suivant les indications du diagramme. Le motif des rayures est à poursuivre jusqu'au bord des côtés de façon à remplir toute la toile. La broderie terminée, repasser soigneusement sur l'envers. Laisser une ouverture au milieu du dessous de la housse. Pour cela, faire un ourlet de 10 cm environ sur le plus long côté (70 cm) des deux dessous. Sur cet ourlet, coudre le ruban à pressions. Bâtir tout autour de la broderie le passepoil puis poser le dessous sur le dessus, endroit contre endroit et piquer. Retourner par l'ouverture et repasser soigneusement. Glisser à l'intérieur un petit molleton.

Mouliné
Spécial DMC

■ 322

★ 966

✕ 3325

= 562

——

pt de piqûre, voir diagramme

à poursuivre

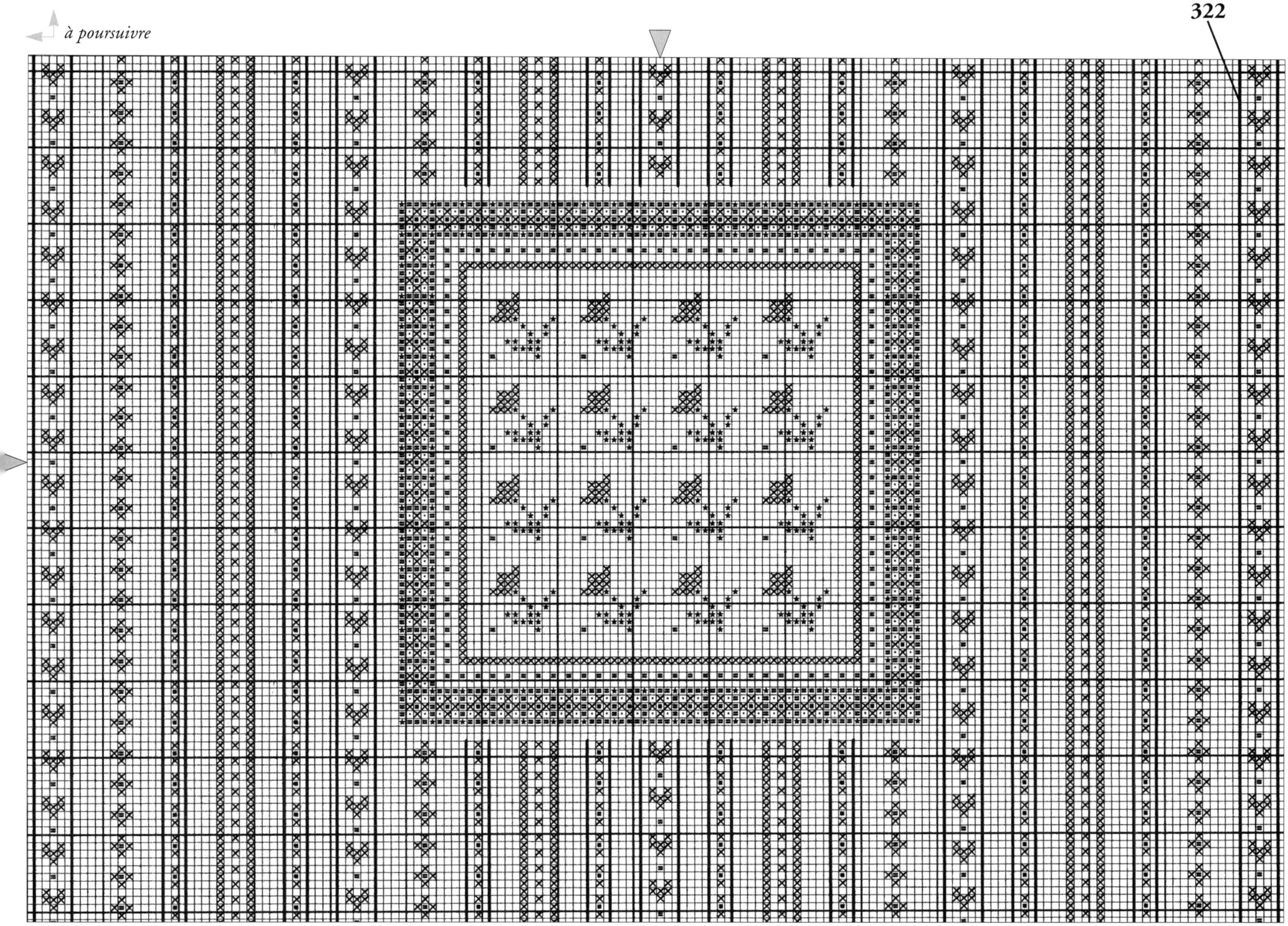

à poursuivre

Couvre-lit

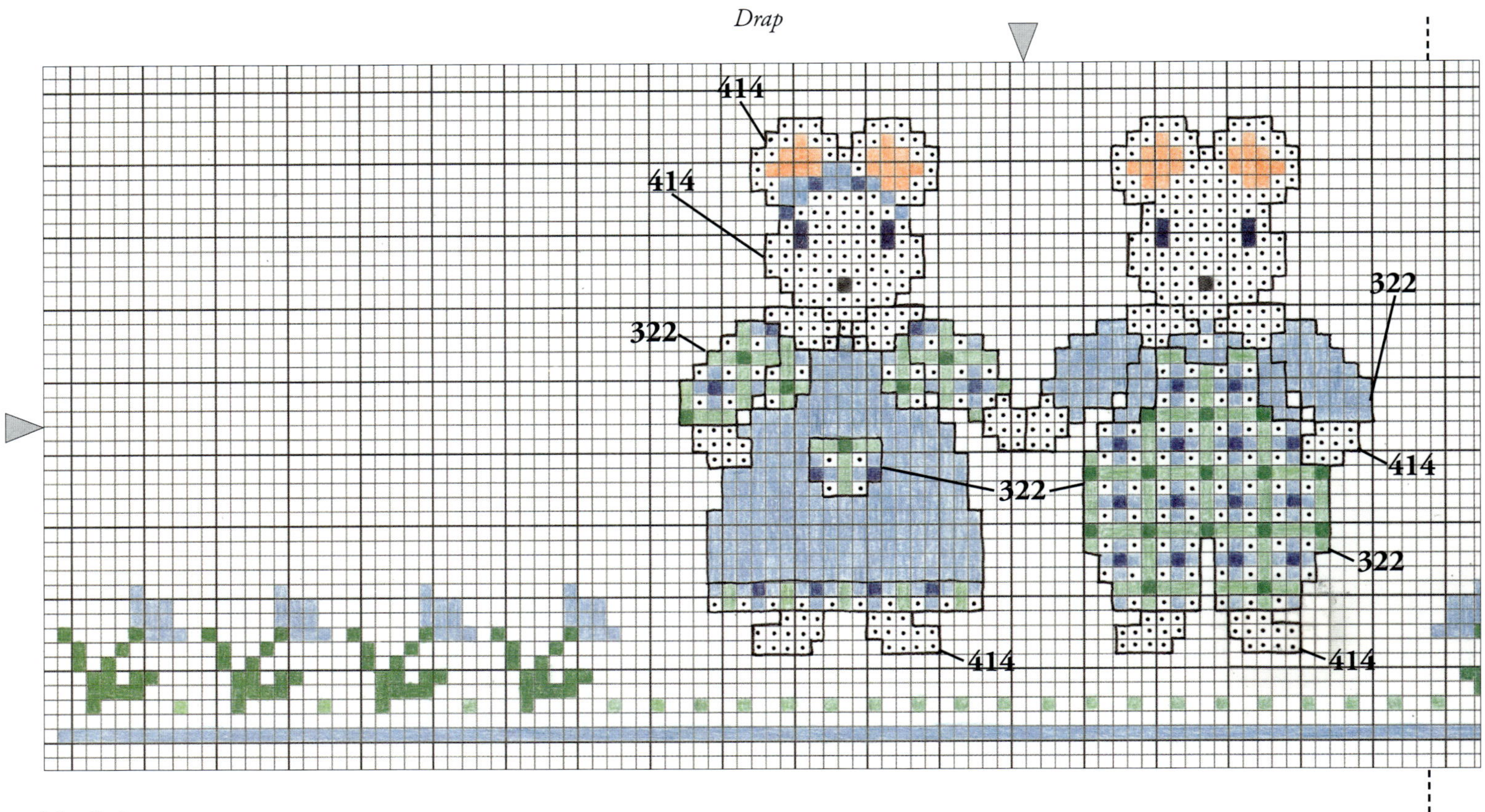

Mouliné
Spécial DMC

3325
322
336
966
562
353
414
Blanc

—— pt de piqûre,
voir diagramme

---- raccord

Taie

Mouliné
Spécial DMC

3325
966
562

Drap

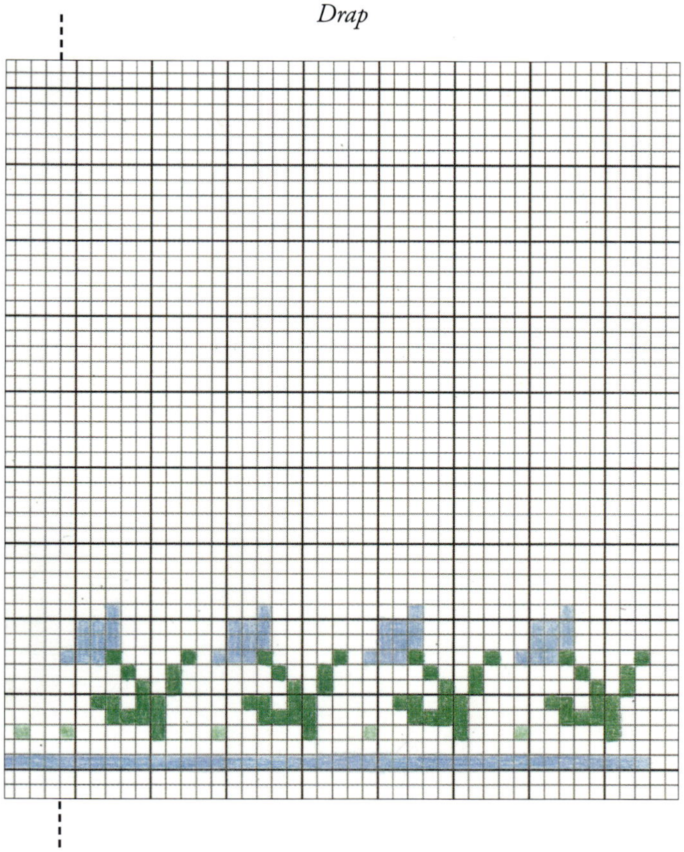

Taie

Mouliné
Spécial DMC

3325
966
562

Le 2 décembre
EMMA
est né

Tableau de naissance

Emma et la cigogne

Certainement, madame la cigogne est arrivée tout doucement en train pour la grande joie des parents d'Emma.

Fournitures

Toile de lin blanc (12 fils au cm) : 39 x 33 cm (marges de 8 cm). Une échevette de Mouliné Spécial DMC : bleu 3325, 322, 931, jaune 726, orange 742, rose 899, vert 966, 562, gris 317, 415, 414, Blanc.

Réalisation

Surfiler les quatre côtés de la toile. Repérer le milieu en la pliant en quatre. Broder au point de croix avec 2 brins de Mouliné sur 2 fils de trame. Pour le point de piqûre, utiliser 1 brin. Les yeux des animaux se brodent au point de nœud avec 1 brin de Mouliné gris 414. Centrer la broderie sur la toile en suivant les indications du diagramme. L'ouvrage terminé, repasser soigneusement sur l'envers. Pour broder le prénom et la date de son choix, prendre modèle sur les alphabets et les chiffres de la page 24. Calculer les intervalles entre chaque lettre et l'emplacement du texte à l'aide du papier quadrillé de la page 176.

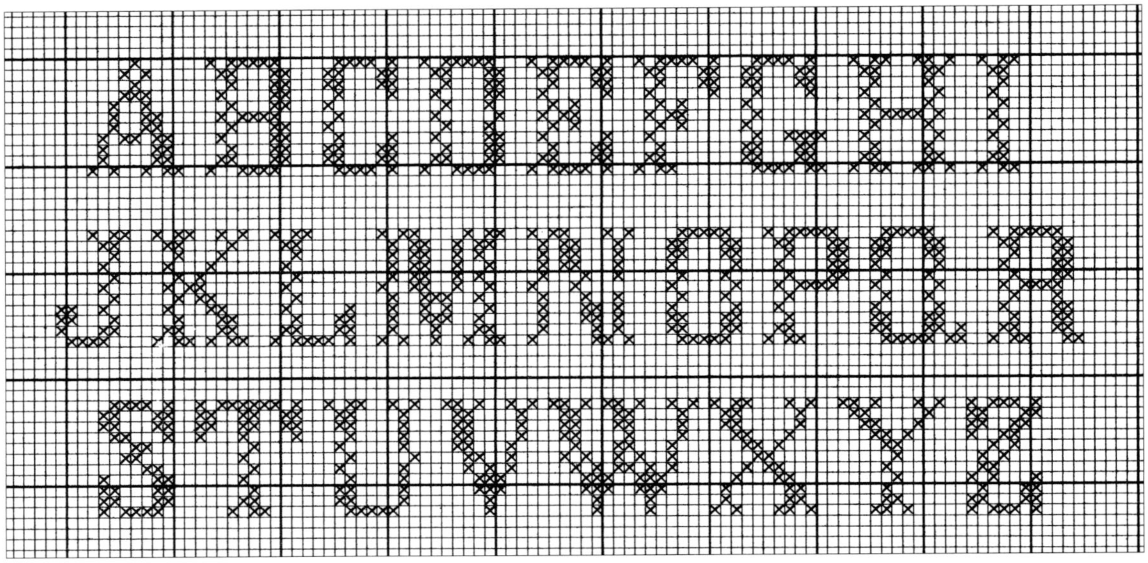
ABCDEFGHI
JKLMNOPQR
STUVWXYZ

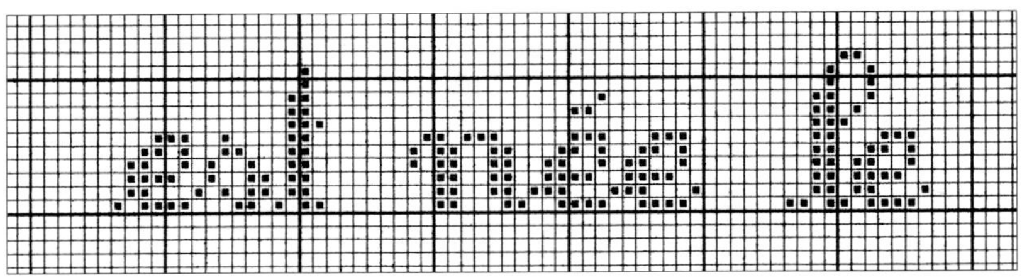
est née le

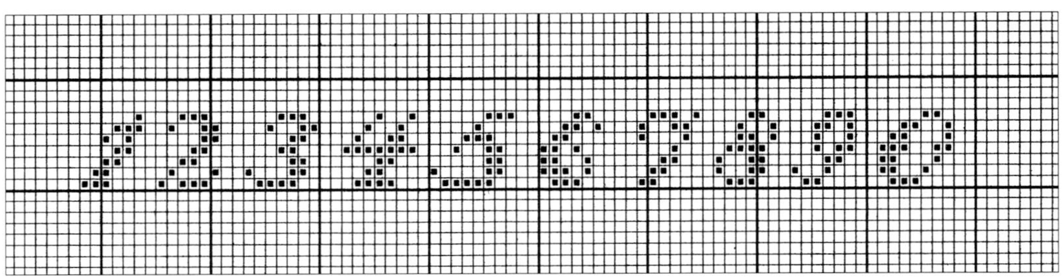
1 2 3 4 5 6 7 8 9 0

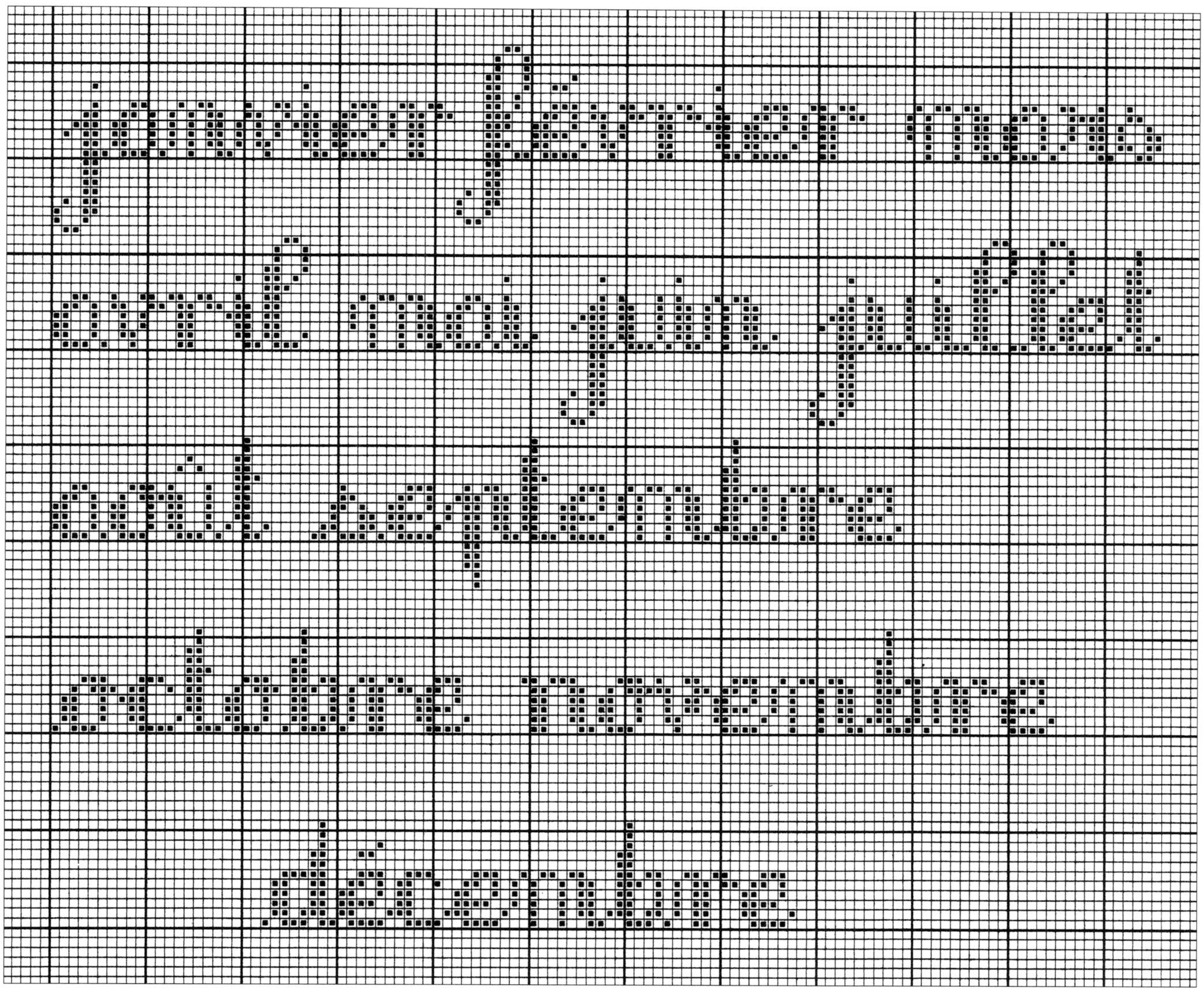
janvier février mars
avril mai juin juillet
août septembre
octobre novembre
décembre

le 2 décembre
EMMA
est
414
317
317
317

Mouliné Spécial DMC

3325
322
931
562
966
899
726
742
415
317
Blanc

—— pt de piqûre, voir diagramme

---- raccord

mon petit
ma petite
mon petit
ma petite
mon

Passe-couloir

Mon petit ange

Pour passer d'une pièce à l'autre, même l'été, ou pour être abrité des rayons du soleil, ce jeté en lin brodé protégera un très jeune enfant.

Fournitures

Toile de lin écru (12 fils au cm) : 68 x 73 cm (coutures comprises).
Toile de lin fine pour la doublure : 68 x 73 cm (coutures comprises).
Seize petits pompons (8 blancs et 8 bleus).
Une échevette de Mouliné Spécial DMC : bleu 3325, 3753, 932, 931, jaune 727, 725, orange 741, 740, chair 754, 3770, 945, Blanc.

Réalisation

Repérer, sur la toile, l'emplacement des broderies avec un fil de couleur (fig. ci-contre). Broder au point de croix avec 2 brins de Mouliné sur 2 fils de trame. Les yeux et la bouche de l'ange sont brodés avec 1 brin de Mouliné bleu 932, au point de piqûre. Suivre les indications du diagramme. La broderie terminée, repasser soigneusement sur l'envers. Poser la doublure sur la broderie, endroit contre endroit. Piquer tout autour, à 1 cm du bord, en laissant une ouverture d'environ 8 cm. Retourner l'ouvrage, dégager les angles et fermer l'ouverture à petits points cachés. Coudre les pompons à intervalles réguliers (fig. ci-contre). Repasser soigneusement sur l'envers.

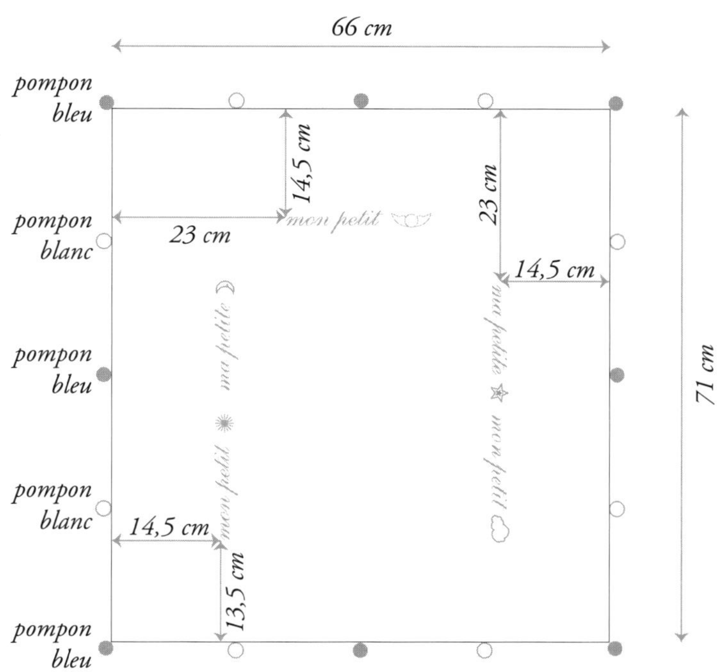

Dimensions du passe-couloir terminé.

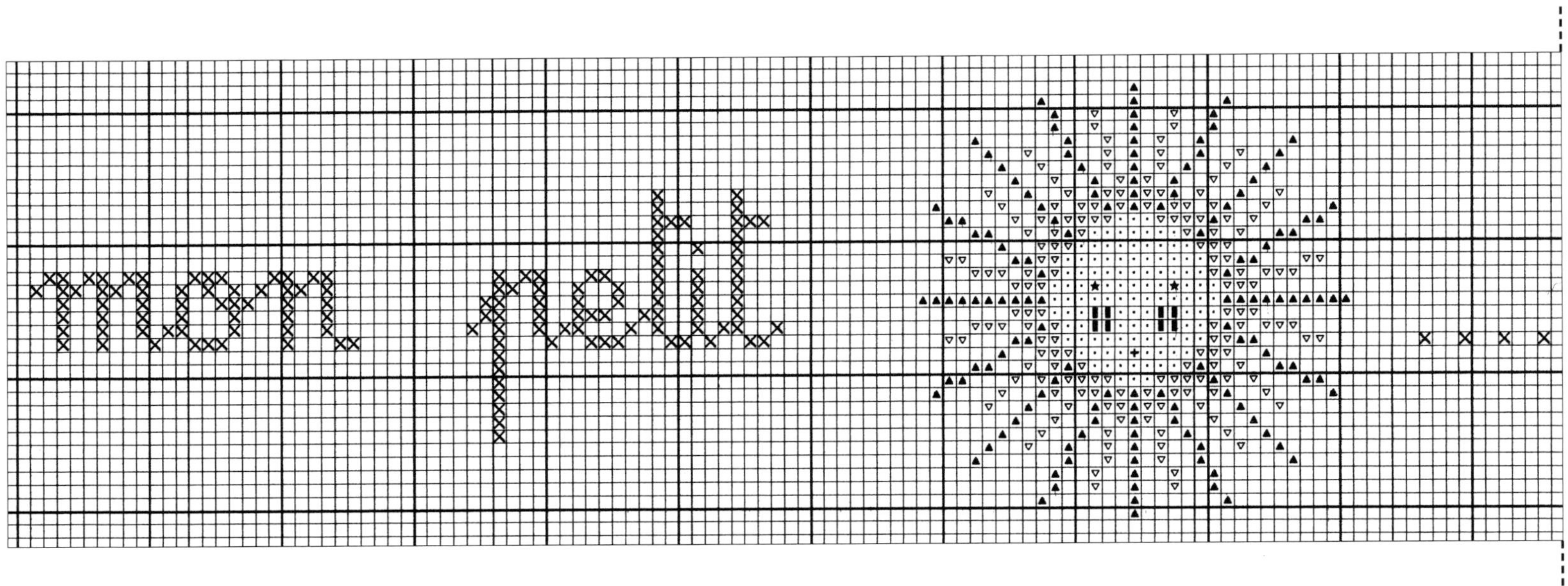
mon petit

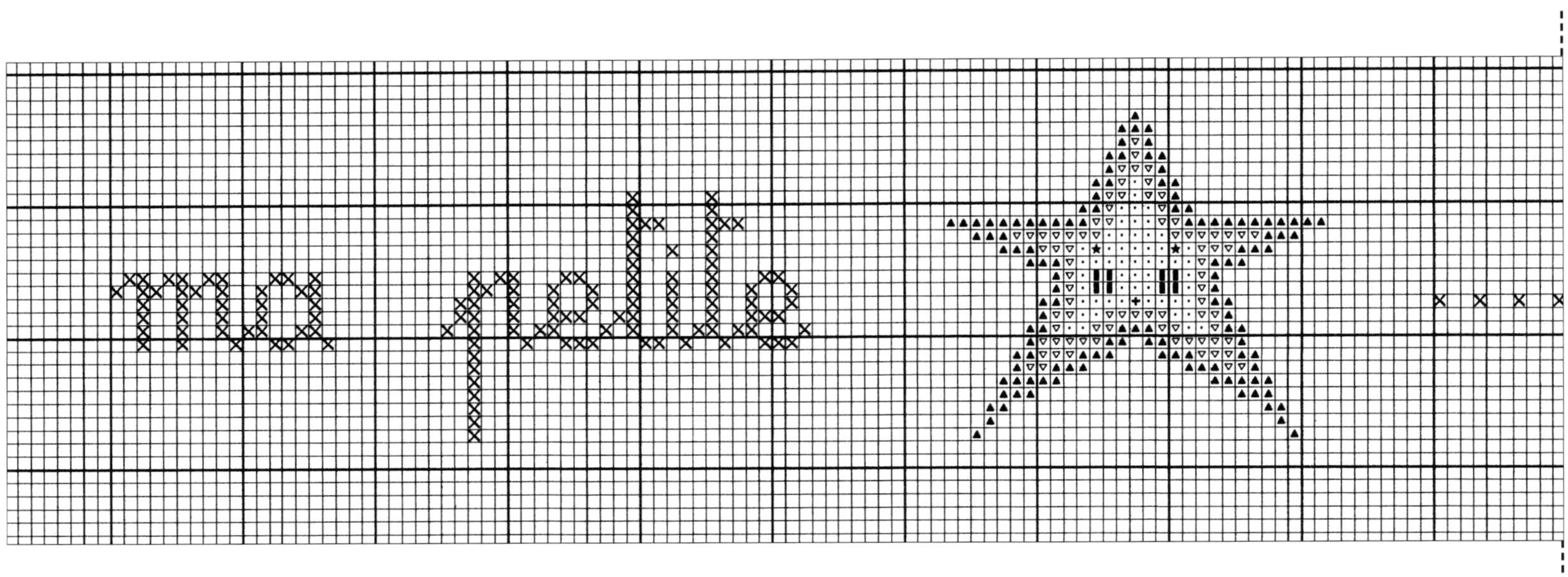
ma petite

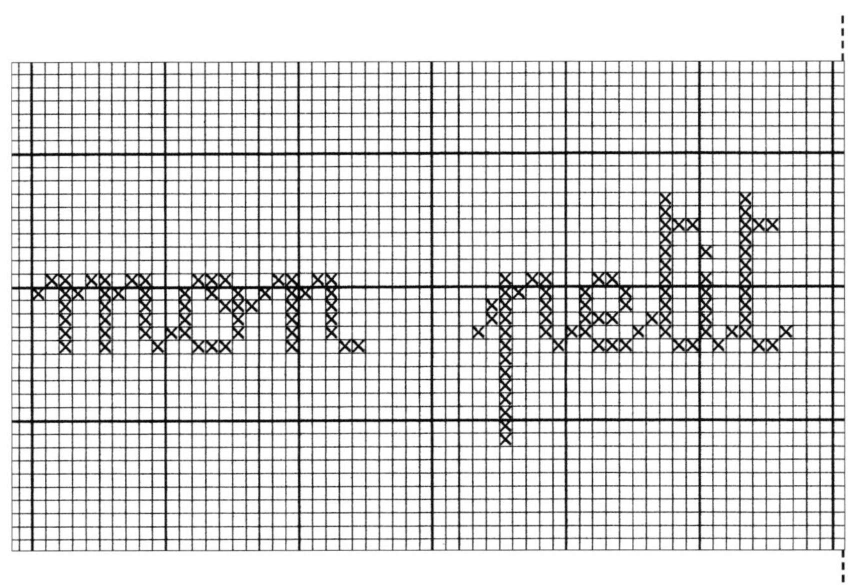
mon petit

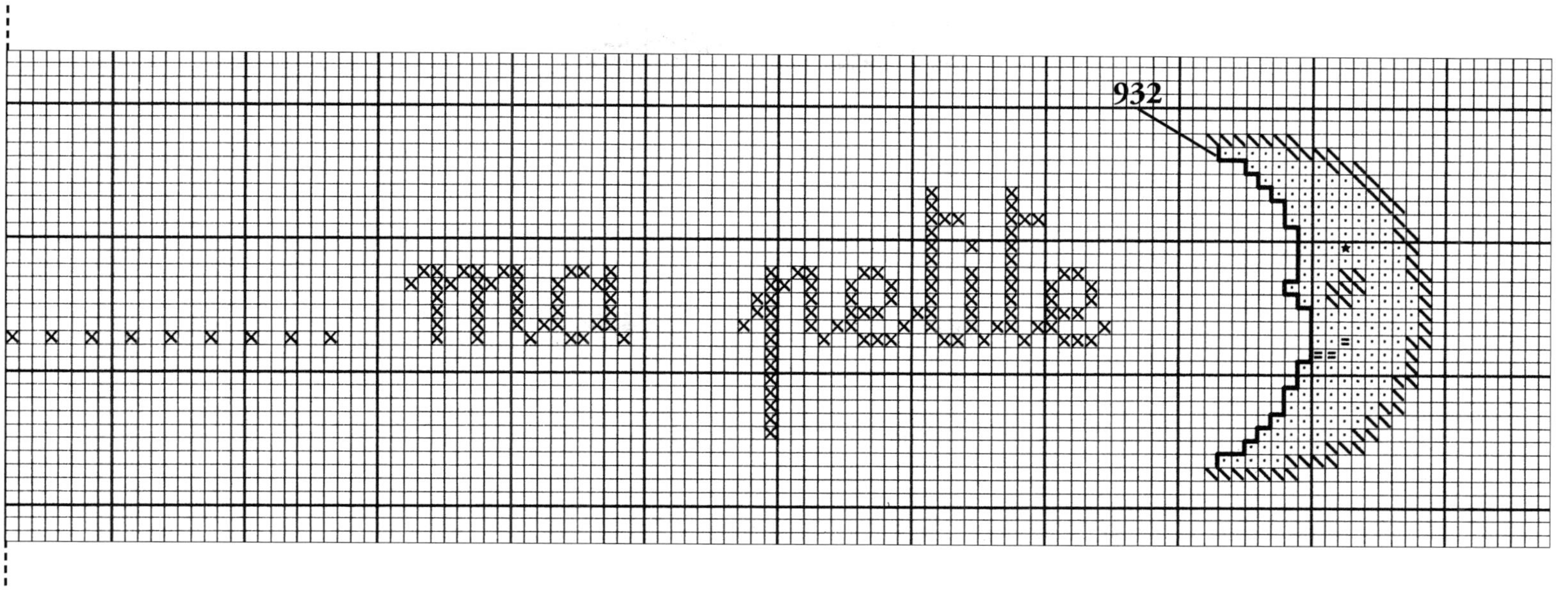

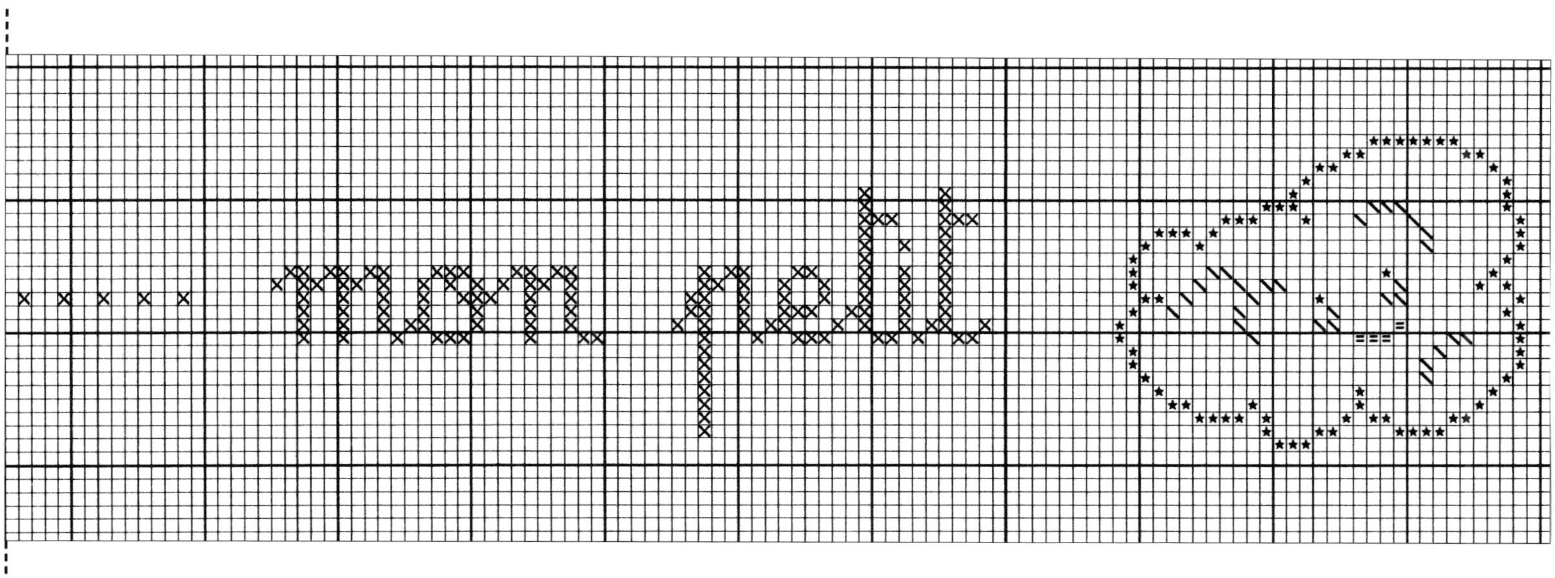

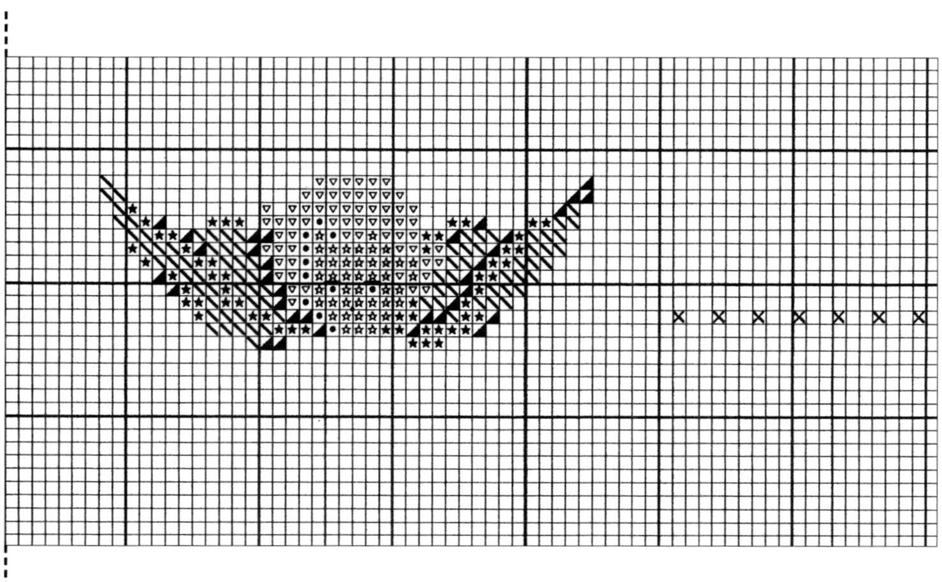

Mouliné
Spécial DMC

✕ 3325

▿ 727

▲ 725

• Blanc

▮ 741

+ 740

╲ 3753

★ 932

= 754

☆ 3770

● 945

◢ 931

—— pt de piqûre, voir diagramme

---- raccord

Abécédaire pastel

Les jouets

Un petit train se faufile entre les lettres de l'alphabet,
passe devant l'éléphant, les souris,
les lapins sous les yeux
ravis de votre enfant.

Fournitures

Toile Lugana blanche :
48 x 38 cm (marges de 8 cm).
Une écheveette de
Mouliné Spécial DMC :
bleu 322, 3325, 312,
rose 776, 899, 309,
vert 966, 562,
jaune 744, orange 742,
marron 437, 433,
gris 415, 3799, 414,
Blanc, noir 310.

Réalisation

Surfiler les quatre côtés de la toile. Repérer le milieu en la pliant en quatre. Broder au point de croix avec 2 brins de Mouliné sur 2 fils de trame. Broder au point de piqûre et au point de nœud avec 1 brin. Centrer la broderie selon le diagramme. Cerner les balles, les billes du hochet, les perles du boulier et les roues du train au point de piqûre avec 1 brin, de la même couleur que celle du point de croix. La broderie terminée, repasser soigneusement sur l'envers.

414
414
433
776
322
433
309
414
414
433
433
414
414
309
414
414
414
3799
317
317

Mouliné
Spécial DMC

	899
	322
	437
	742
	744
	562
	966
	414
	433
	3799
	415
	3325
	776
	310 noir
	Blanc

—— pt de piqûre, voir diagramme

---- raccord

Brassière

Les petites frimousses

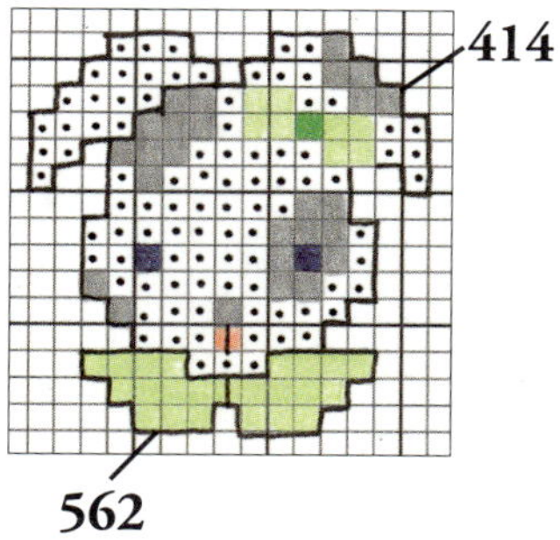

Fournitures

Une brassière en coton blanc avec un joli col.
Des petits morceaux carrés de tire-fil (6 croix au cm) d'environ 4 x 4 cm.
Une échevette de Mouliné Spécial DMC : Blanc, rose 353, 776, 899, bleu 336, 3325, 322, vert 966, 562, gris 415, 414.

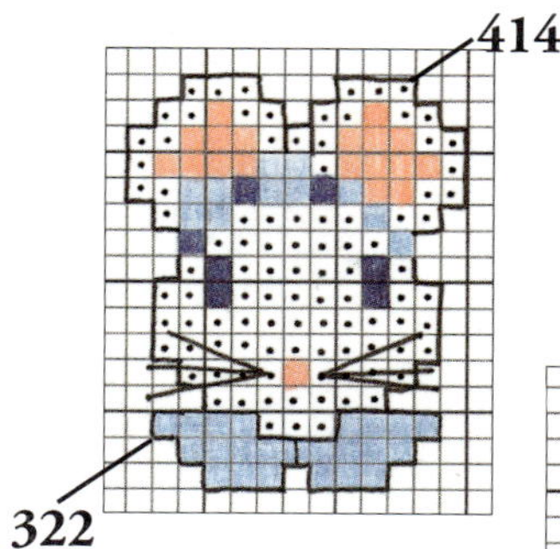

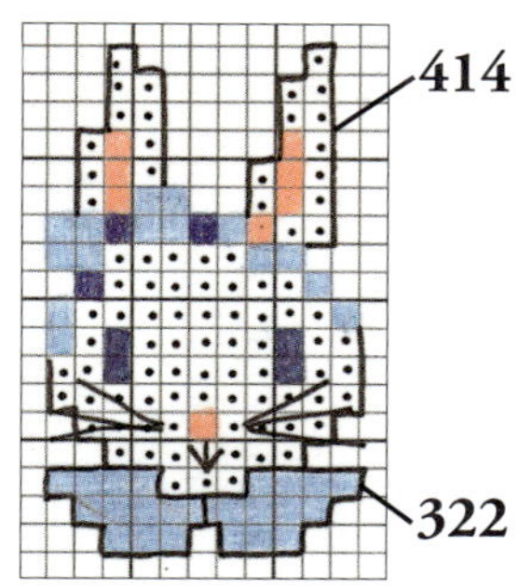

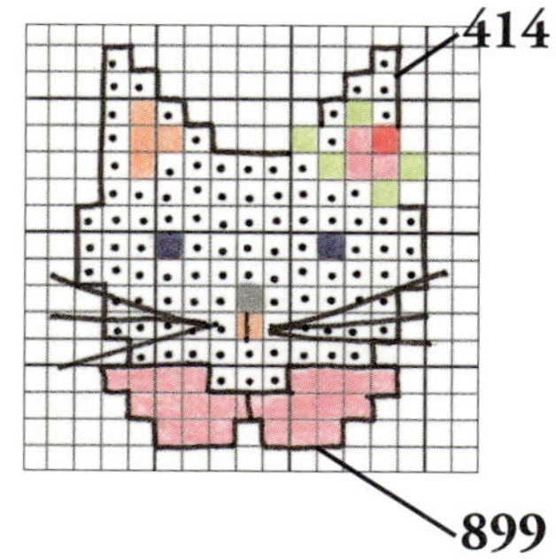

Mouliné
Spécial DMC

3325
322
336
966
562

353
776
899
415
Blanc

—— pt de piqûre, voir diagramme

Réalisation

Bâtir soigneusement, bien à plat, le tire-fil aux emplacements choisis. Broder à points comptés selon le diagramme, en centrant les motifs. Utiliser 2 brins de Mouliné pour le point de croix, sur 2 fils de trame du tire-fil. Broder avec 1 brin le point de piqûre ainsi que le point lancé des moustaches. Broder avec une aiguille pointue en prenant toutes les épaisseurs ensemble. La broderie terminée, ôter le tire-fil et repasser soigneusement sur l'envers.

Tableau

Les petits amis

*De compagnie, deux par deux,
s'en vont dans les bois écureuils, oursons et
même chiens et chats !*

Fournitures

*Toile de lin blanc (12 fils au cm) : 53,5 x 42 cm (marges de 8 cm).
Une échevette de Mouliné Spécial DMC :
bleu 336, 322, 312,
marron 436, 738, 434, 3827, 3826,
rose 776, 899, 353,
jaune 3822,
vert 966, 562, 561,
gris 415, 414, 413, Blanc.
Deux échevettes de Mouliné Spécial DMC :
bleu 3325.*

Réalisation

Surfiler les quatre côtés de la toile. Repérer le milieu en la pliant en quatre. Broder au point de croix avec 2 brins de Mouliné sur 2 fils de trame. Pour le point de piqûre, utiliser 1 brin. Centrer le motif sur la toile selon les indications du diagramme. Il est possible de broder les couples indépendamment les uns des autres pour en faire de petits tableaux. Utiliser, par exemple, de la toile Feinaïda blanche et broder les sujets avec 1 brin de Mouliné. La broderie terminée, repasser soigneusement sur l'envers.

899
899
322
434
899
322
434
434
414
414
414
322
322
414
414
322
322
414
414
414

Mouliné
Spécial DMC

- 3325
- 322
- 336
- 966
- 562
- 3822
- 3827
- 738
- 436
- 353
- 776
- 899
- 415
- 413
- Blanc

—— pt de piqûre, voir diagramme

- - - - raccord

414
414
312
322
562
322
414
322
322
414
414
414
899
561
562
899
414
414

Mouliné
Spécial DMC

- 3325
- 322
- 336
- 966
- 562
- 3822
- 3827
- 738
- 436
- 353
- 776
- 899
- 415
- 413
- Blanc

—— pt de piqûre, voir diagramme

---- raccord

abcdefghijklm
nopqrstuvwxyz

Faire-part de naissance

La cigogne

Cet ouvrage peut être personnalisé par le nom et la date de naissance de l'enfant.

Mouliné Spécial DMC

- 825
- 813
- 562
- 564
- 335
- 3326
- 948
- 3821
- 931
- Blanc

—— pt de piqûre, voir diagramme

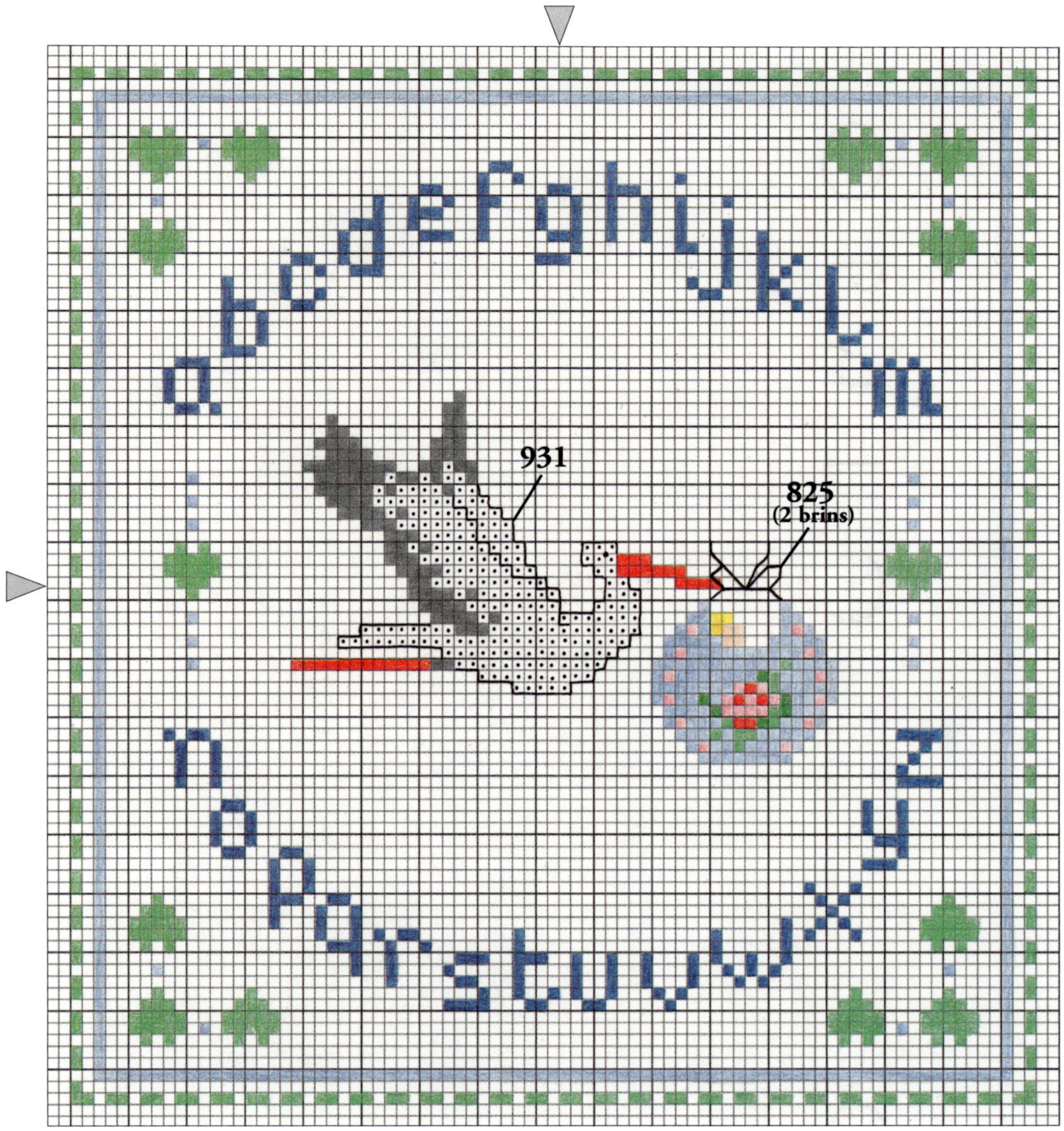

Fournitures

Toile Feinaïda blanche : 27,5 x 28 cm (marges de 8 cm). Une échevette de Mouliné Spécial DMC : bleu 931, 813, 825, vert 564, 562, rose 3326, 335, 948, jaune 3821, Blanc.

Réalisation

Surfiler la toile. Broder au point de croix et au point de piqûre avec 1 brin de Mouliné sur 1 carré de la trame. Centrer le motif selon le diagramme. La broderie terminée, repasser soigneusement sur l'envers.

YELLOW LIGHT
SERIES 3
APELDOORN

L'école

Clément
Plumier
Moulin Roty

Tablier

Clément à l'école

Le chambray bleu du tablier rehaussera les tons classiques mais vifs de la broderie.

Fournitures

Un tablier de chambray bleu.
Tire-fil aux dimensions du prénom à broder.
Une échevette de Mouliné Spécial DMC : bleu 824, 826, vert 562, rouge 498, jaune 3821.

Réalisation

Composer le prénom de son choix en utilisant le papier quadrillé de la page 176. Choisir la majuscule puis les minuscules, les reporter sur le papier quadrillé en les reliant au fur et à mesure, de façon régulière. S'aider de l'exemple « Clément ». Le diagramme réalisé, calculer la dimension du tire-fil nécessaire pour la broderie. Repérer l'emplacement du motif à broder, puis faire un repère avec un fil de couleur. Coudre bien à plat le tire-fil, à petits points. Broder au point de croix avec 2 ou 3 brins de Mouliné (selon la grosseur du tire-fil), en prenant les deux épaisseurs ensemble. Si c'est possible, utiliser un tambour. La broderie terminée, ôter le tire-fil et repasser.

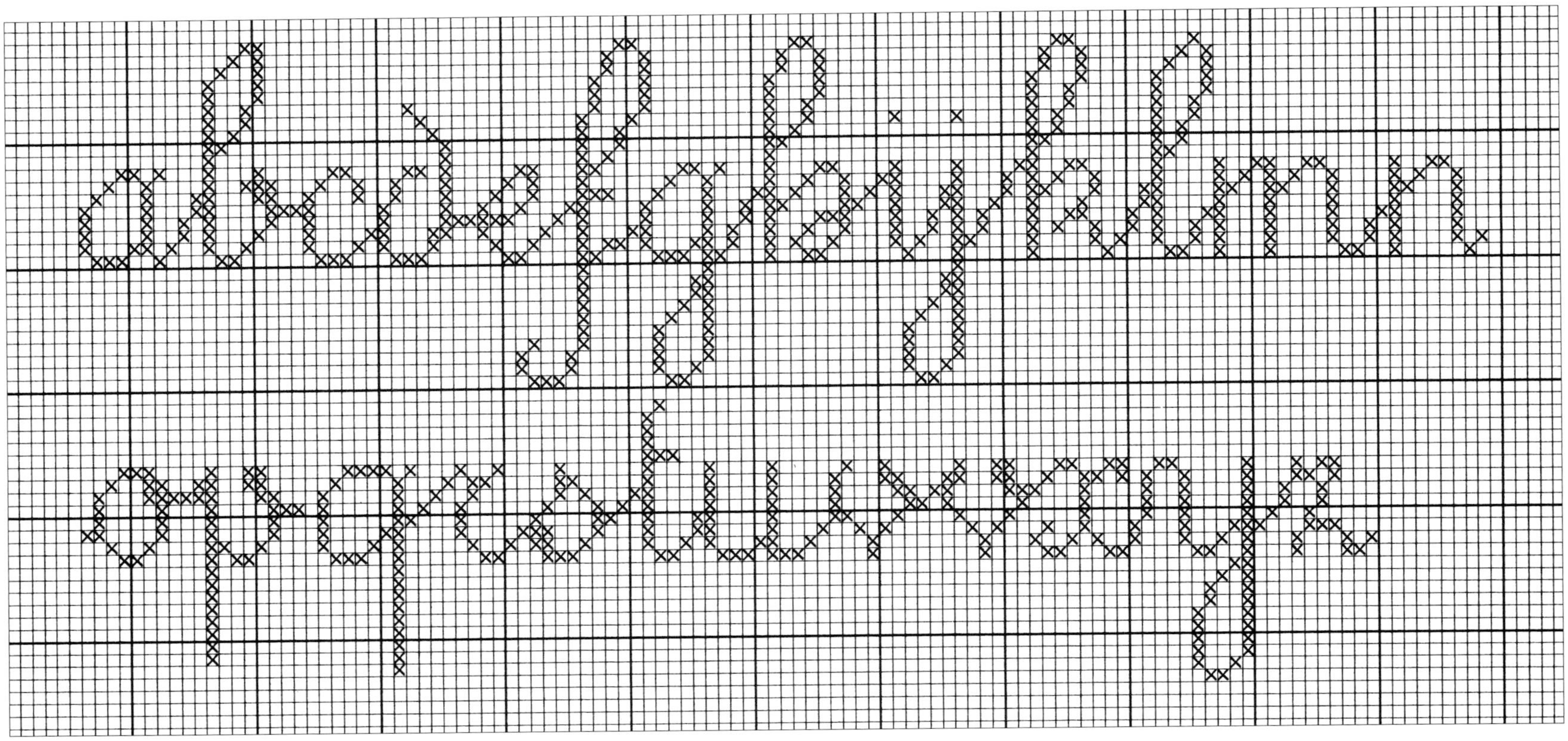

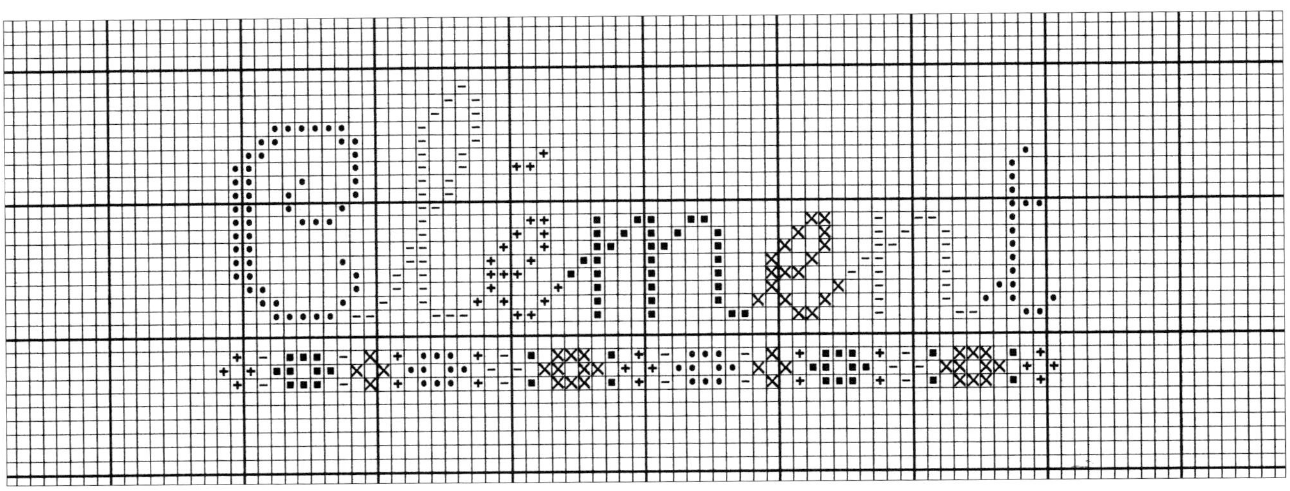

Mouliné
Spécial DMC

- × 826
- ■ 562
- + 498
- – 3821
- • 824

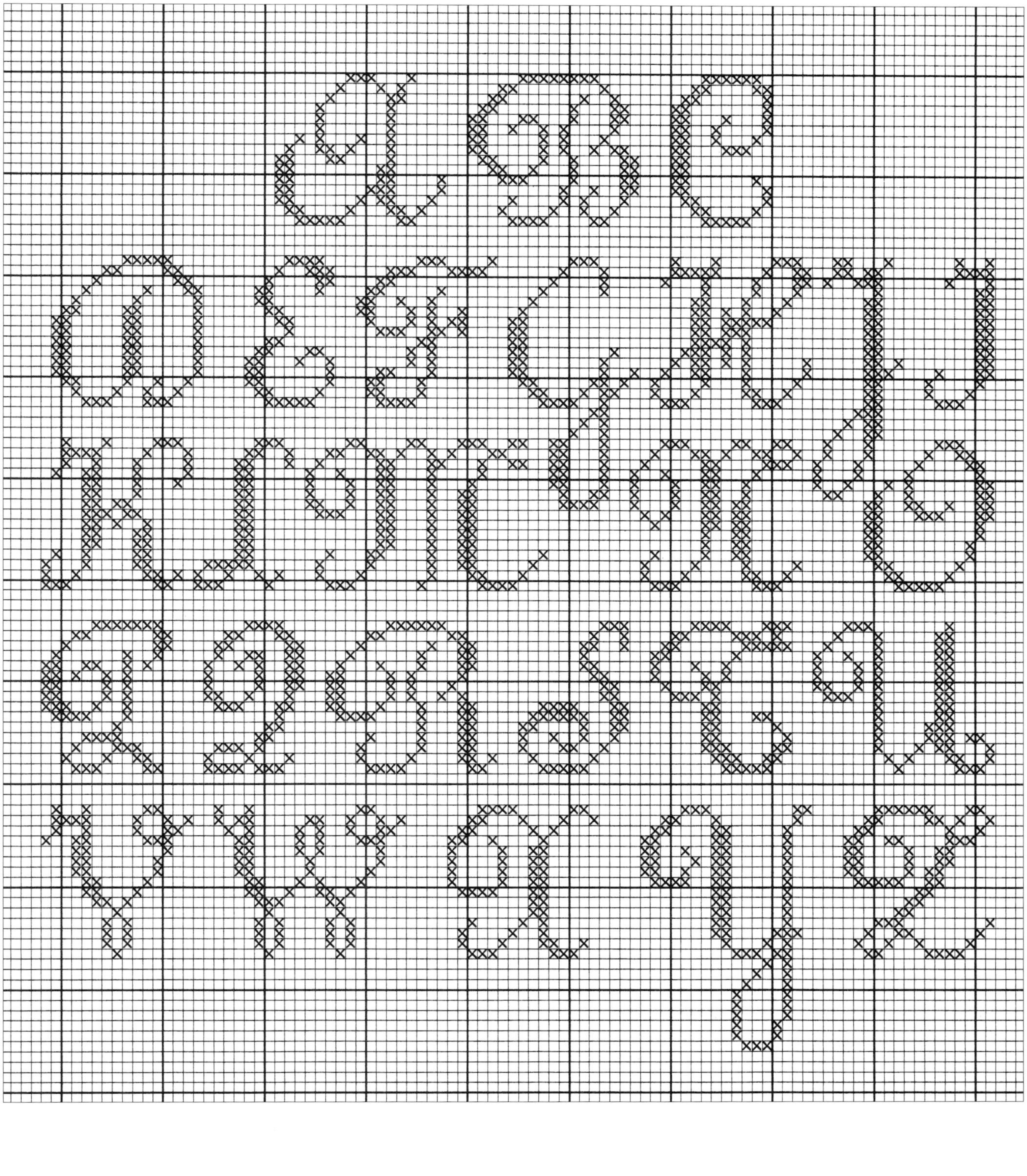

emma
adrien
les voitures
charlotte
la maison
marie
la poupée
camille
la fleur
victor
le vélo
clément
julien
l'arrosoir

Petites étiquettes

L'imagier

Des étiquettes brodées d'une image associée à son prénom aideront chaque enfant à identifier son vêtement.

Fournitures

Toile Feinaïda blanche : huit rectangles de 15 x 13 cm (marges de 2,5 cm).
Pour plus de facilité, les fils sont classés par motif.
Pour broder tous les diagrammes, il ne faut pas additionner le nombre d'échevettes donné pour chaque broderie, une seule suffira dans chaque couleur.

Une échevette de Mouliné Spécial DMC :
Pour le raton laveur
vert 563, bleu 792, brun 422, 420, 898, gris 413.
Pour le lapin
vert 562, bleu 792, 312, brun 422, 420, rose 3779, orange 721.
Pour l'arrosoir
vert 561, 562, 563, bleu 792, 794, gris 413, jaune 725, orange 721.
Pour la poupée
bleu 334, 312, 792, rose 951, 3779, jaune 725, brun 434, Blanc.
Pour le vélo
bleu 792, rouge 321, jaune 725, brun 437, 434, gris 413.
Pour la fleur
bleu 792, 794, 823, jaune 725, Blanc.
Pour les voitures
bleu 334, 312, 792, vert 562, 561, gris 413, 415, jaune 725.
Pour la maison
bleu 792, 334, vert 563, 562, rose 3778, 3779, 951, gris 415, Blanc.
Pour les finitions environ 40 cm de croquet par motif, dans des coloris assortis.

Réalisation

Surfiler les quatre côtés des morceaux de toile. Bien centrer le motif sur la toile en utilisant les repères du diagramme. Broder au point de croix et au point de piqûre avec 1 brin de Mouliné. Recouper 1 cm tout autour, faire un rentré de 1,5 cm à un carreau de la broderie, sur les quatre côtés. Repasser et piquer tout autour. Sur l'envers, fixer à petits points le croquet en n'en laissant dépasser que la moitié. Si on le souhaite, on peut rigidifier la broderie en fixant, au fer à repasser, de la toile thermocollante.

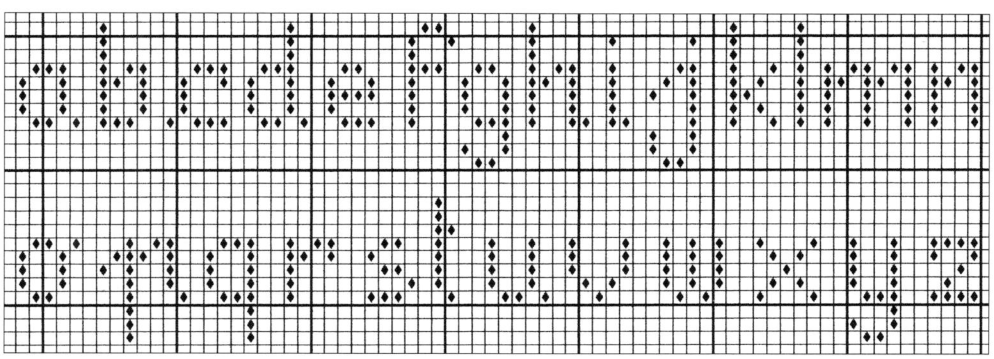

Mouliné Spécial DMC
♦ 792

Mouliné
Spécial DMC

- 792
- 725
- 794
- 823
- Blanc

— pt de piqûre, voir diagramme

Mouliné
Spécial DMC

- 794
- 563
- 562
- 561
- 792
- 721
- 725
- 413

— pt de piqûre, voir diagramme

Mouliné
Spécial DMC

321
725
792
434
437
413

—— pt de piqûre,
voir diagramme

Mouliné
Spécial DMC

334
3778
792
3779
951
563
562
415
Blanc

—— pt de piqûre,
voir diagramme

Mouliné
Spécial DMC

- 792
- 563
- 898
- 420
- 422
- 413

— pt de piqûre,
voir diagramme

Mouliné
Spécial DMC

- 562
- 721
- 792
- 420
- 422
- 3779
- 312

— pt de piqûre,
voir diagramme

Mouliné
Spécial DMC

- 725
- 334
- 792
- 312
- 434
- 951
- 3779
- Blanc

—— pt de piqûre, voir diagramme

Mouliné
Spécial DMC

- 334
- 562
- 312
- 561
- 413
- 415
- 725
- 792

—— pt de piqûre, voir diagramme

EMMA
abcdefghijklm
nopqrstuvwxyz
ABCDEFGHIJ
KLMNOPQRS
TUVWXYZ
Méthode
LECTURE
ECOLE

Tableau

Un marquoir

Le premier ouvrage de votre petite fille :
un alphabet dont elle ornera sa chambre. Les petits motifs,
arrosoir, fleurs, animaux,
peuvent être brodés séparément.

Fournitures

Toile Aïda blanche (5,5 points au cm) : 36,5 x 37,5 cm (marges de 8 cm).
Une échevette de Mouliné Spécial DMC :
bleu 322, 3755,
vert 563, 562,
jaune 726, orange 742,
rose 776.

Réalisation

Surfiler les quatre côtés de la toile. Repérer le milieu de la toile en la pliant en quatre, centrer la broderie à l'aide des repères notés sur le diagramme. Broder au point de croix avec 2 brins de Mouliné sur 1 carré de la trame. La broderie terminée, repasser soigneusement sur l'envers. Si la broderie est exécutée par un enfant, il est préférable de broder en fermant les croix au fur et à mesure (voir Technique et conseils page 177).

562

Mouliné
Spécial DMC

	322
	563
	3755
	742
	726
	776
	562

—— pt de piqûre, voir diagramme

---- raccord

TALENS ORANGE
TALENSORANGE
++ 250 SERIES
NET CONT. 17 ml
YELLOW LIGHT
de
E.P

Petit tableau

L'atelier du peintre

Cette esquisse d'enfant, bien structurée, dénote un goût certain pour le dessin. On y trouverait presque le nombre d'or de l'œuvre d'un grand peintre !

Fournitures

Toile de lin blanc (12 fils au cm) : 29 x 29,5 cm (marges de 8 cm).
Une échevette de Mouliné Spécial DMC :
bleu 3325, 322, 311, 598,
vert 954, 911, 3818,
violet 3746,
rouge 321, 815, rose 335,
jaune 726, 740, orange 742,
ocre 738, marron 433,
gris 415, 414, 3799,
Blanc, or, argent.

Réalisation

Avant de commencer à broder, choisir un dessin d'enfant, pas trop grand afin de garder le plus de détails possible en le brodant. Réduire le dessin à la photocopieuse jusqu'à obtenir un rectangle de 6 x 7 cm. Scotcher le dessin sur une vitre, en pleine lumière, poser par-dessus une feuille de papier quadrillé, décalquer le dessin en suivant les carreaux. Utiliser le papier fourni page 176. Une fois terminé, le diagramme doit compter, au maximum, 32 x 37 carreaux afin de pouvoir entrer dans l'espace prévu au centre de l'ouvrage. Surfiler les quatre côtés de la toile. Repérer le milieu en la pliant en quatre. Broder au point de croix avec 2 brins de Mouliné sur 2 fils de trame. Pour le point de piqûre, le point de nœud et le point lancé (pour broder les poils des pinceaux), utiliser 1 brin de Mouliné. Le fil argent est utilisé pour la virole des pinceaux, le fil or pour la bague des crayons de couleur ; quant aux poils des pinceaux, ils se brodent au point lancé en gris foncé (3799) en partant du milieu de la croix argent de la virole. Les rubans du carton à dessin sont réalisés en nouant de petits brins de Mouliné 3799. Les fils métalliques s'utilisent sans être dédoublés. Suivre les indications portées sur le diagramme. La broderie terminée, repasser soigneusement sur l'envers. Pour présenter l'ouvrage comme sur la photographie, choisir un cahier (ici de 29 x 29 cm), découper une fenêtre aux dimensions du cadre bleu clair plus 0,5 cm. Insérer la broderie puis la fixer sur l'envers.

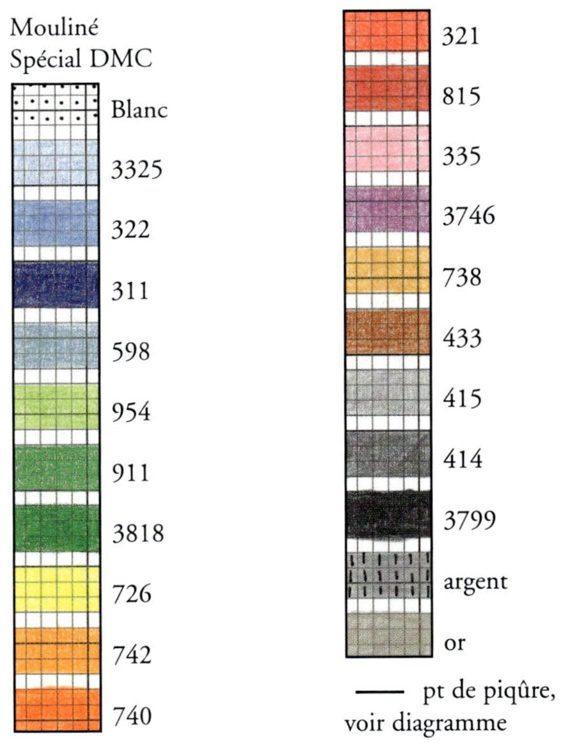

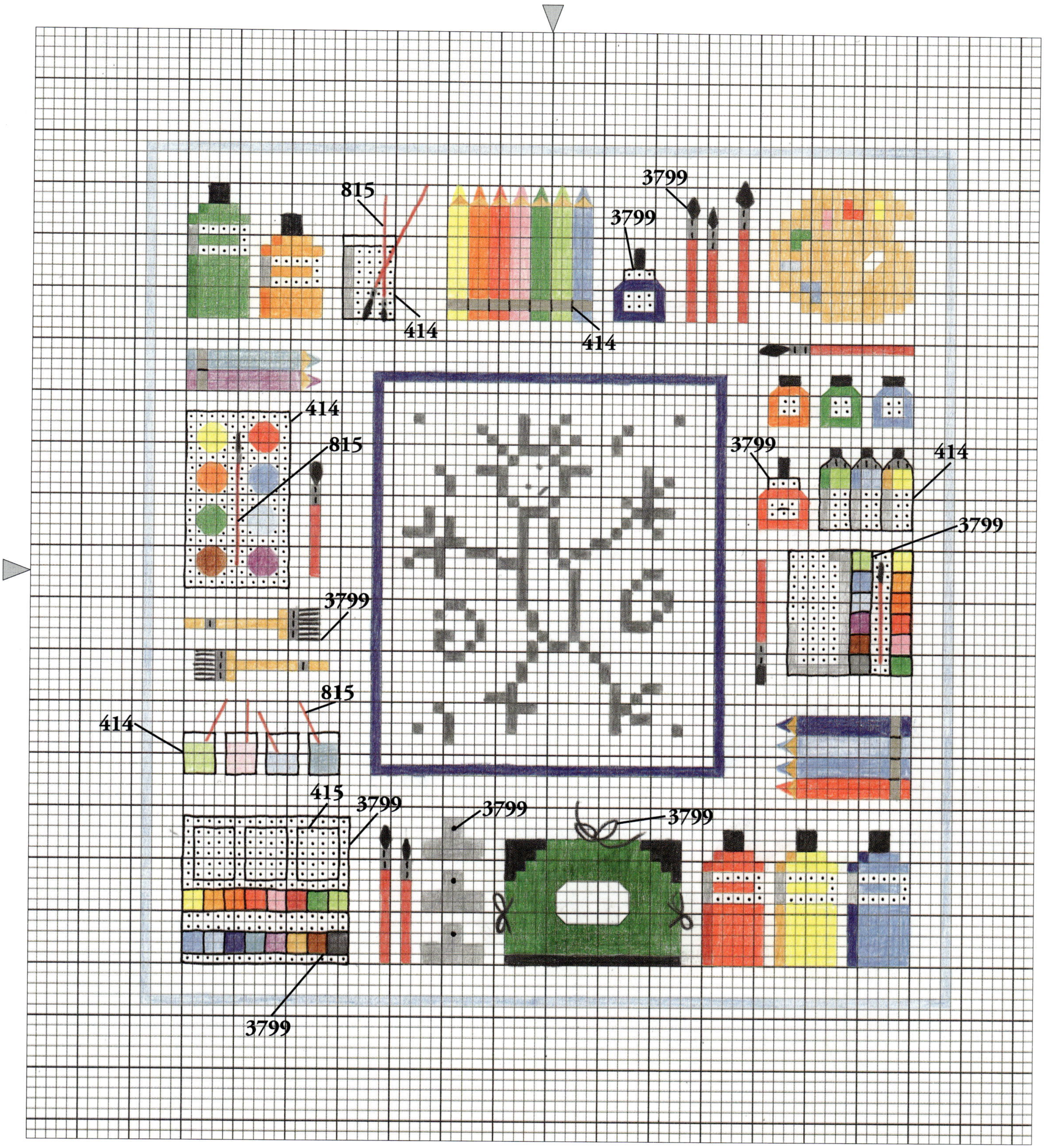
815
414
414
3799
3799
414
815
3799
414
3799
3799
815
414
415
3799
3799
3799
3799

ABCDE
FGHIJK
LMNOP
QRSTU
VWXYZ

Abécédaire

Son premier alphabet

Grandes lettres bleues chevauchées d'images dont le nom commence par cette même lettre aideront l'enfant à mémoriser l'alphabet.

Fournitures

Toile Lugana blanche : 50,5 x 52,5 cm (marges de 8 cm).
Une échevette de Mouliné Spécial DMC :
bleu 798, 809,
rouge 321, 816,
gris 762, 413, 318,
vert 911, 3818,
rose 335, 3326, 326,
jaune 725, orange 741,
brique 355, 356, ocre 783,
marron 739, 433, 437,
Blanc.
Deux échevettes de Mouliné Spécial DMC :
bleu 820, vert 954.

Réalisation

Surfiler les quatre côtés de la toile. Repérer le milieu en la pliant en quatre. Centrer l'abécédaire sur la toile en suivant les indications du diagramme. Broder au point de croix avec 2 brins de Mouliné sur 2 fils de trame. Pour le point de piqûre, utiliser 1 brin — sauf pour les baguettes du xylophone qui sont brodées avec 2 brins. La broderie terminée, repasser soigneusement sur l'envers.

413
413
3818
911
318
433
433

Mouliné Spécial DMC

820
798
809
355
356
321
816
3326
335
326
741
725
739

437
783
433
911
954
3818
762
318
413
Blanc

—— pt de piqûre, voir diagramme

---- raccord

433
318
318
725
413
413
413
413
413
433

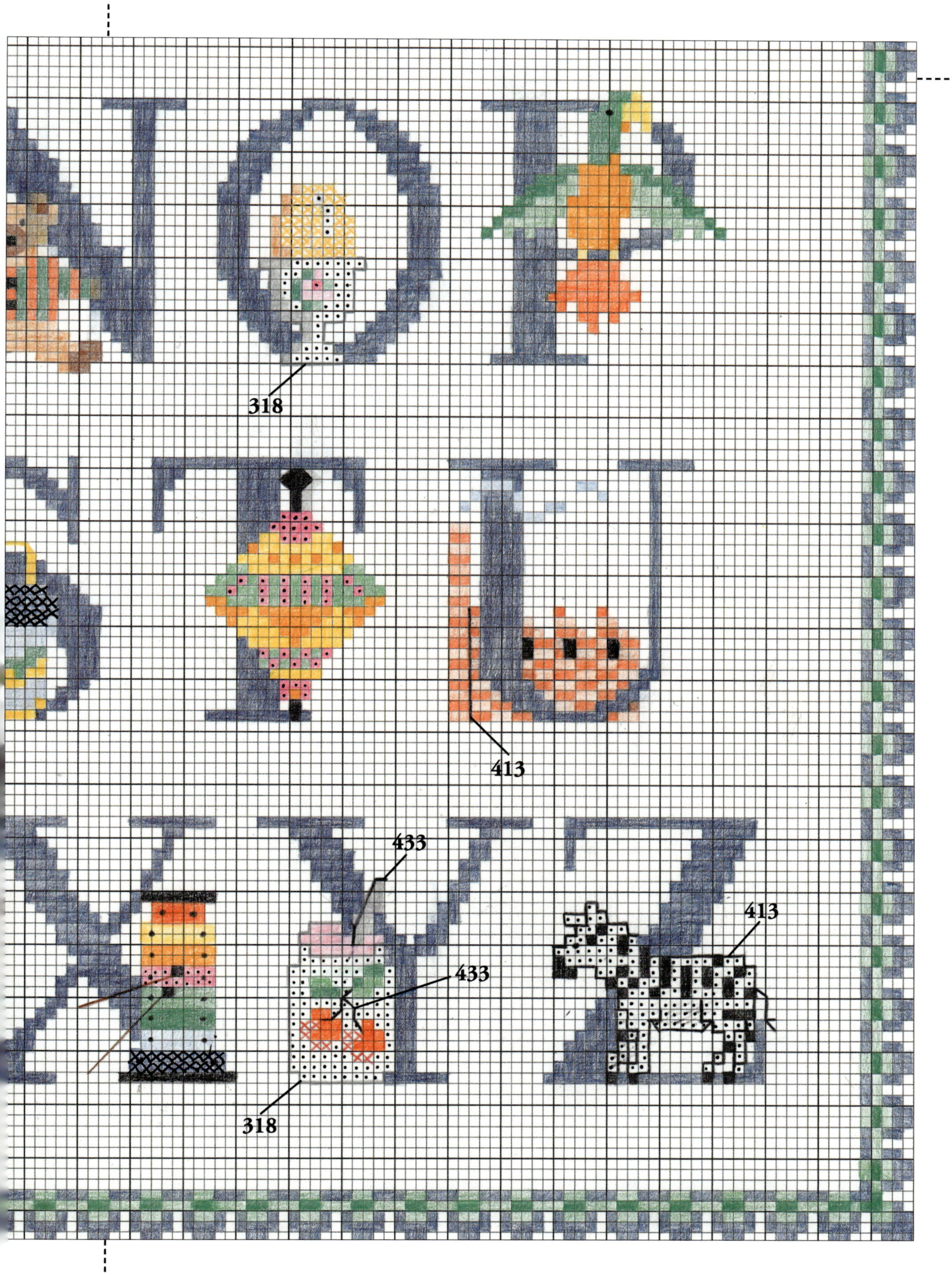

Mouliné Spécial DMC

820	437
798	783
809	433
355	911
356	954
321	3818
816	762
3326	318
335	413
326	Blanc
741	
725	
739	

—— pt de piqûre, voir diagramme

---- raccord

Cake fermier aux fruits secs
250 g de beurre ou de margarine ramollie
250 g de sucre roux
4 œufs

Les fêtes

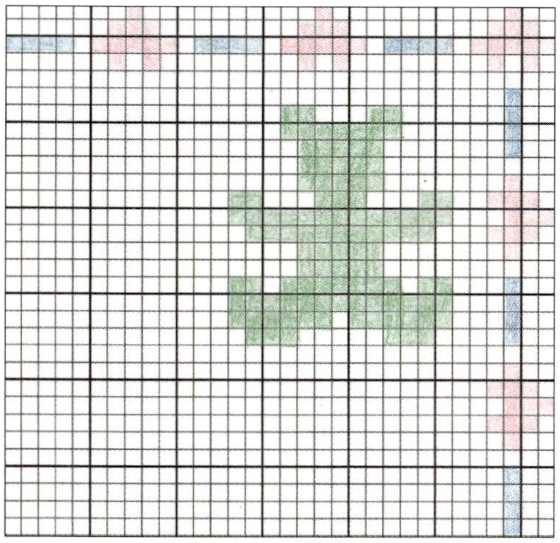

Service à thé

Le goûter

Pour son goûter d'anniversaire, votre petite fille dresse la table avec une nappe brodée et sa dînette.

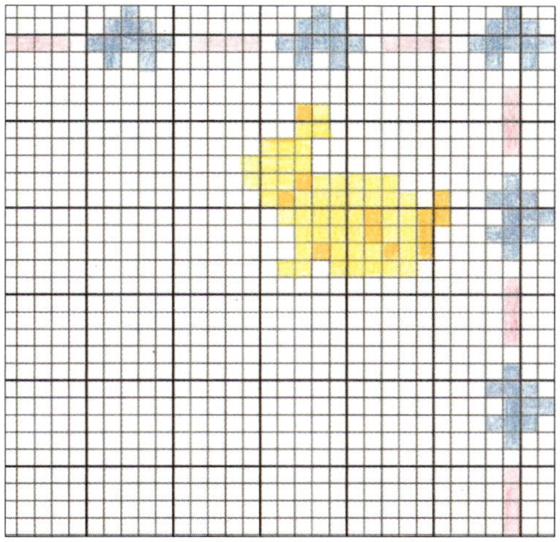

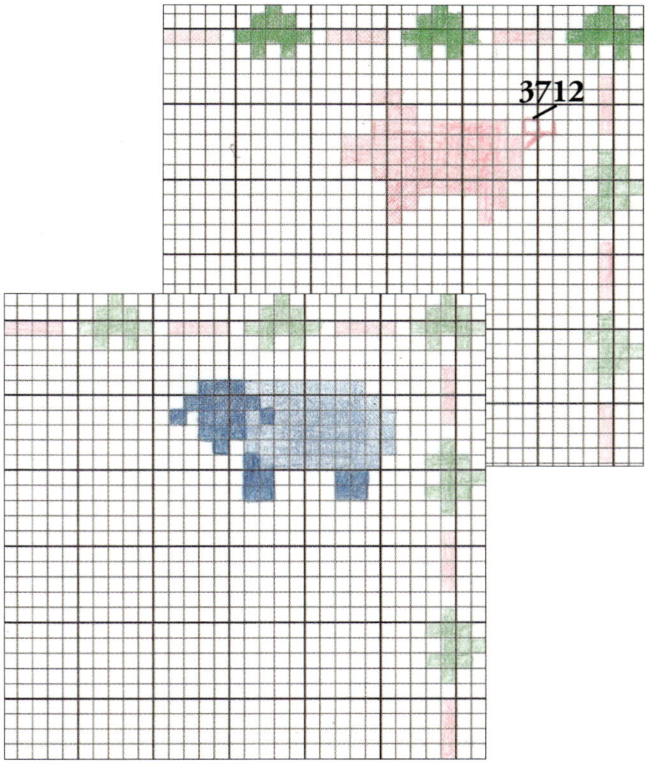

Fournitures

Toile de lin blanc (12 fils au cm) : 94 x 94 cm pour la nappe ; quatre fois 29 x 29 cm pour les serviettes. Les dimensions comprennent des ourlets de 1 cm. Choisir un lin à tissage assez serré et souple. Une échevette de Mouliné Spécial DMC : bleu 3755, 312, 322, 932, vert 954, 912, rose 761, 3712, miel 676, 677, gris 762, Blanc.

Réalisation

Faire un ourlet de 1 cm tout autour de la nappe. Marquer son milieu en la pliant en quatre, puis repérer l'emplacement des motifs à l'aide des lettres A, B, C, D, E indiquées sur le schéma page 76 et sur les diagrammes (1) à (8). Broder au point de croix avec 2 brins de Mouliné sur 2 fils de trame. Pour le point de piqûre, utiliser 1 brin. Ourler les serviettes (1 cm). Repérer l'emplacement du motif avec un fil de couleur – le cœur de l'angle est à 3,5 cm des deux bords –, puis broder au point de croix avec 2 brins de Mouliné sur 2 fils de trame. Les broderies terminées, repasser soigneusement.

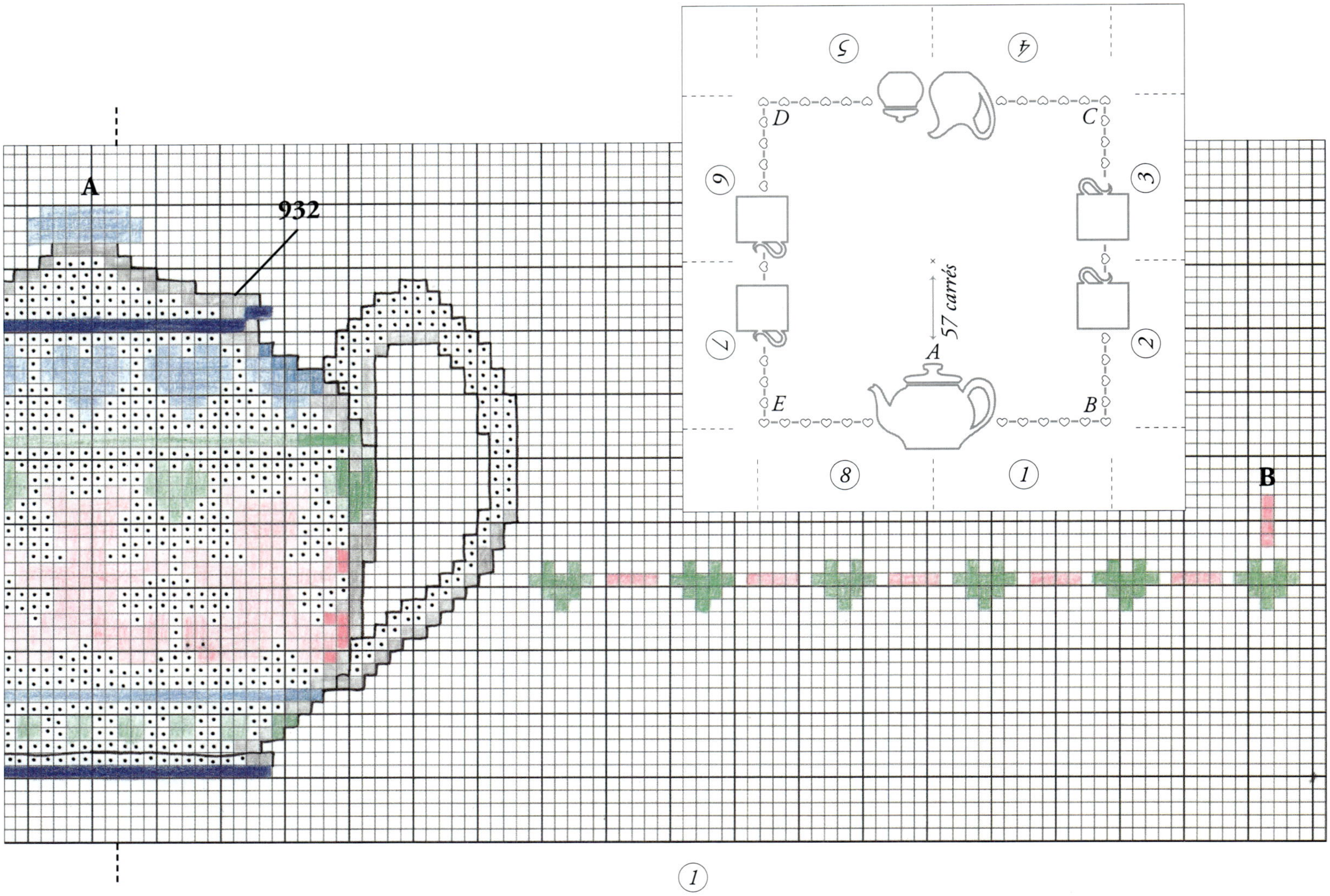

(1)

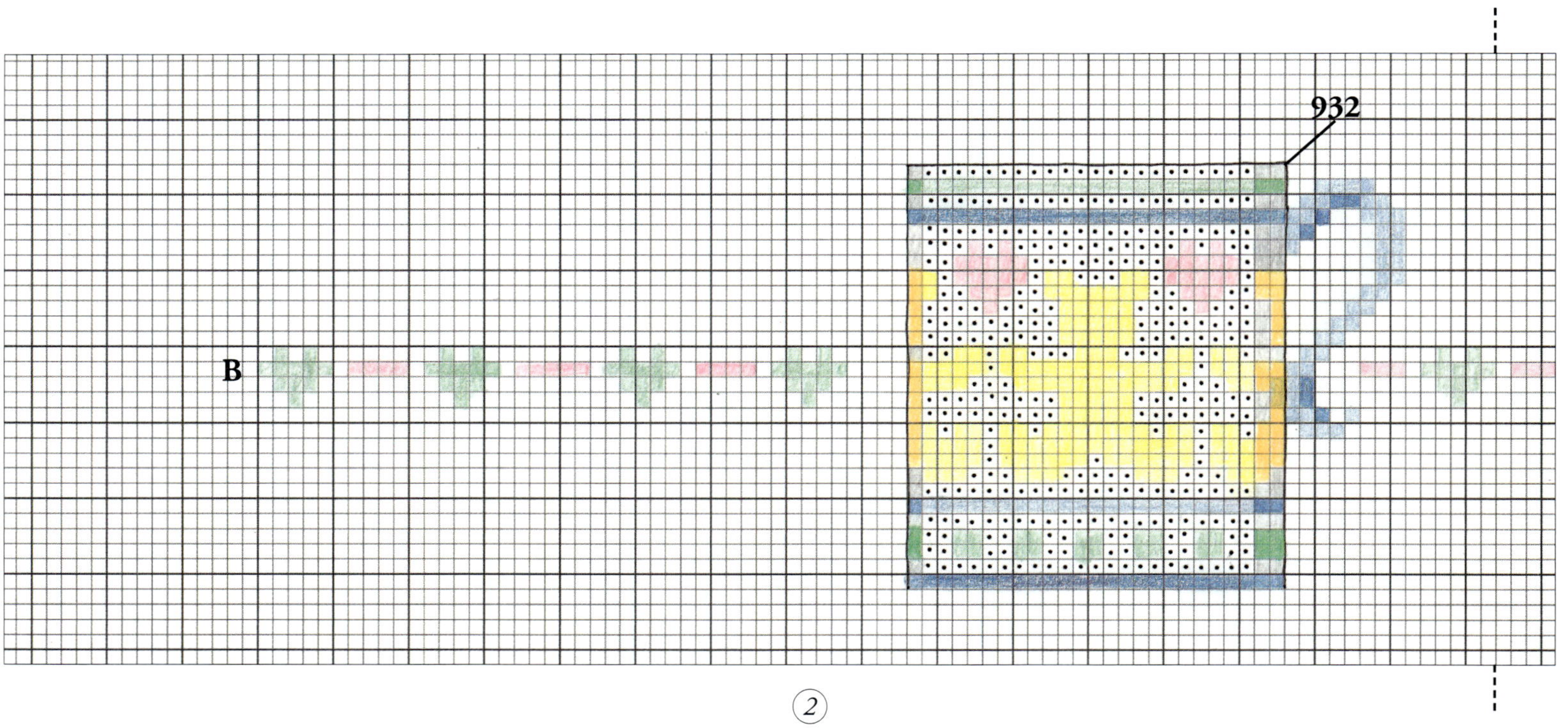

(2)

Mouliné
Spécial DMC

- 762
- 912
- 954
- 322
- 3755
- 312
- 676
- 677
- 3712
- 761
- Blanc

—— pt de piqûre, voir diagramme

- - - - raccord

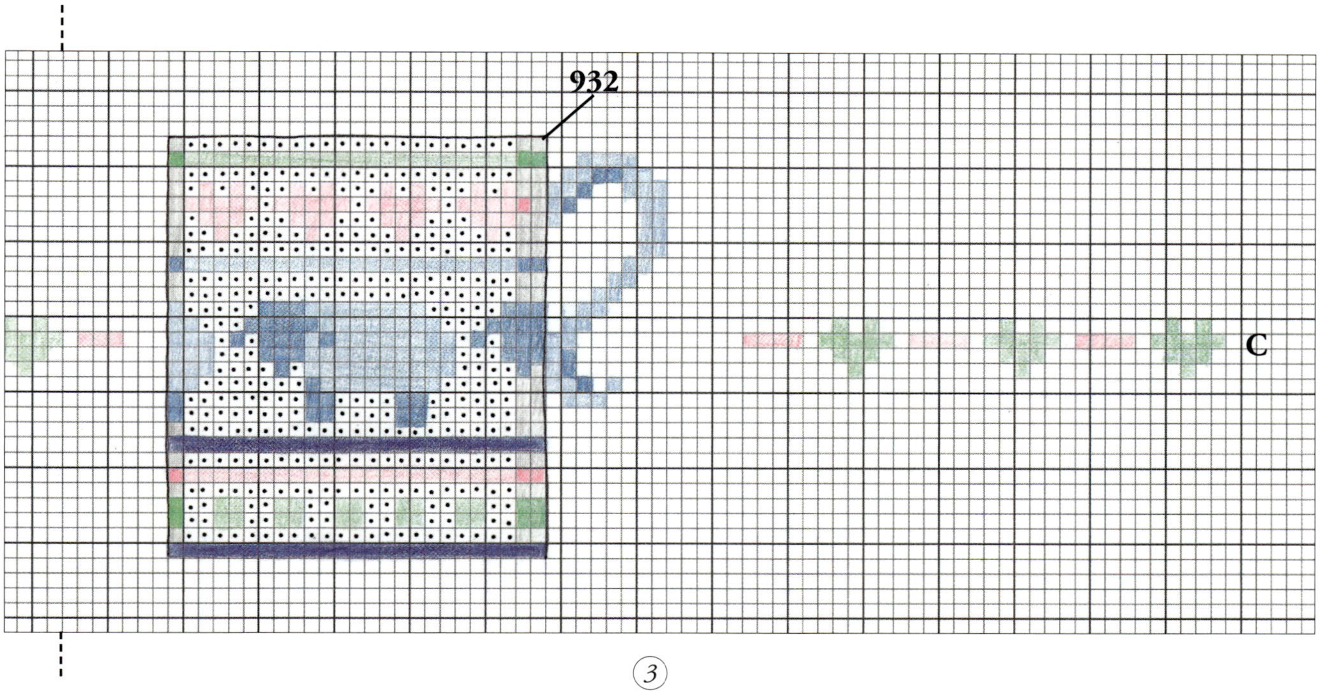

(3)

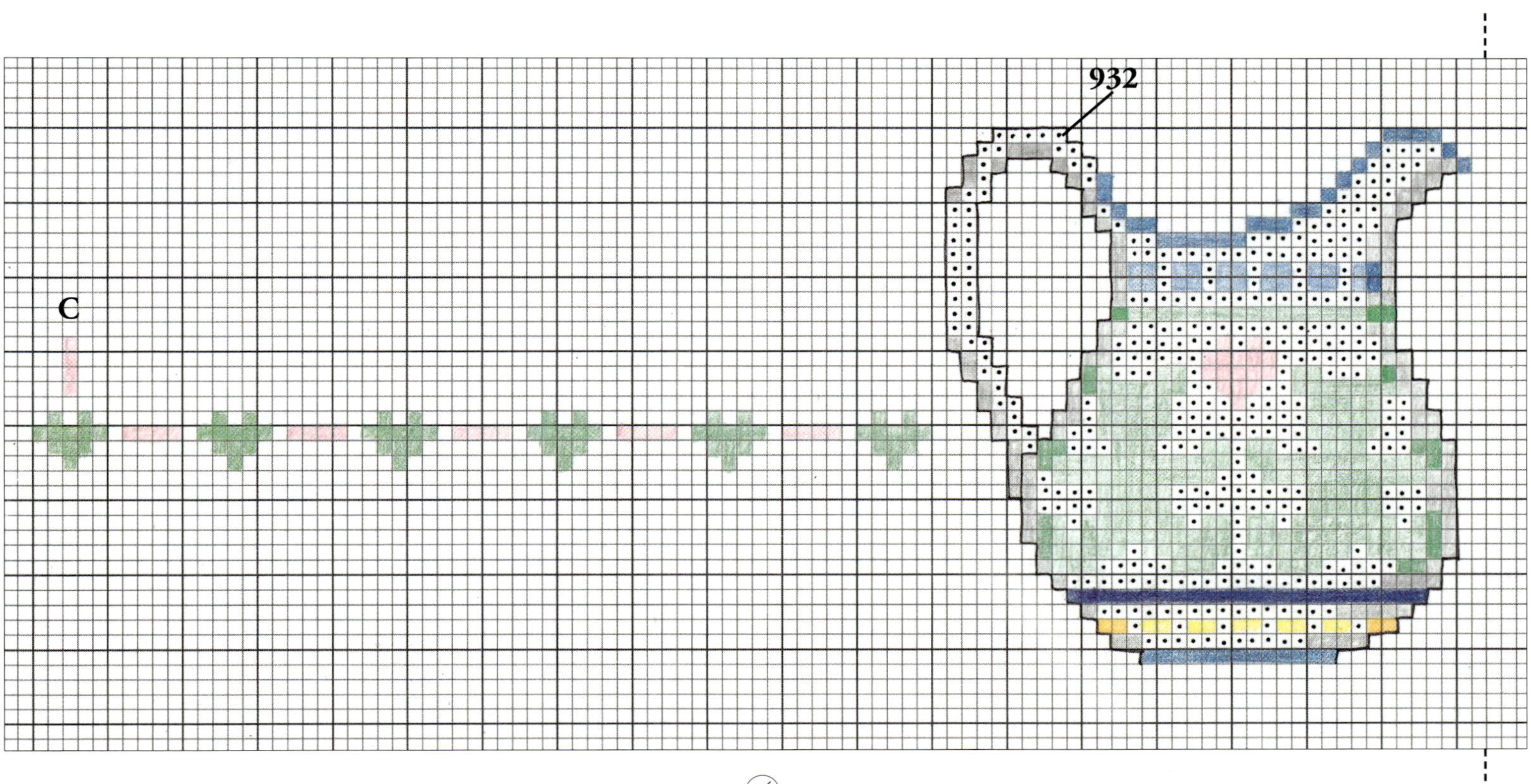

(4)

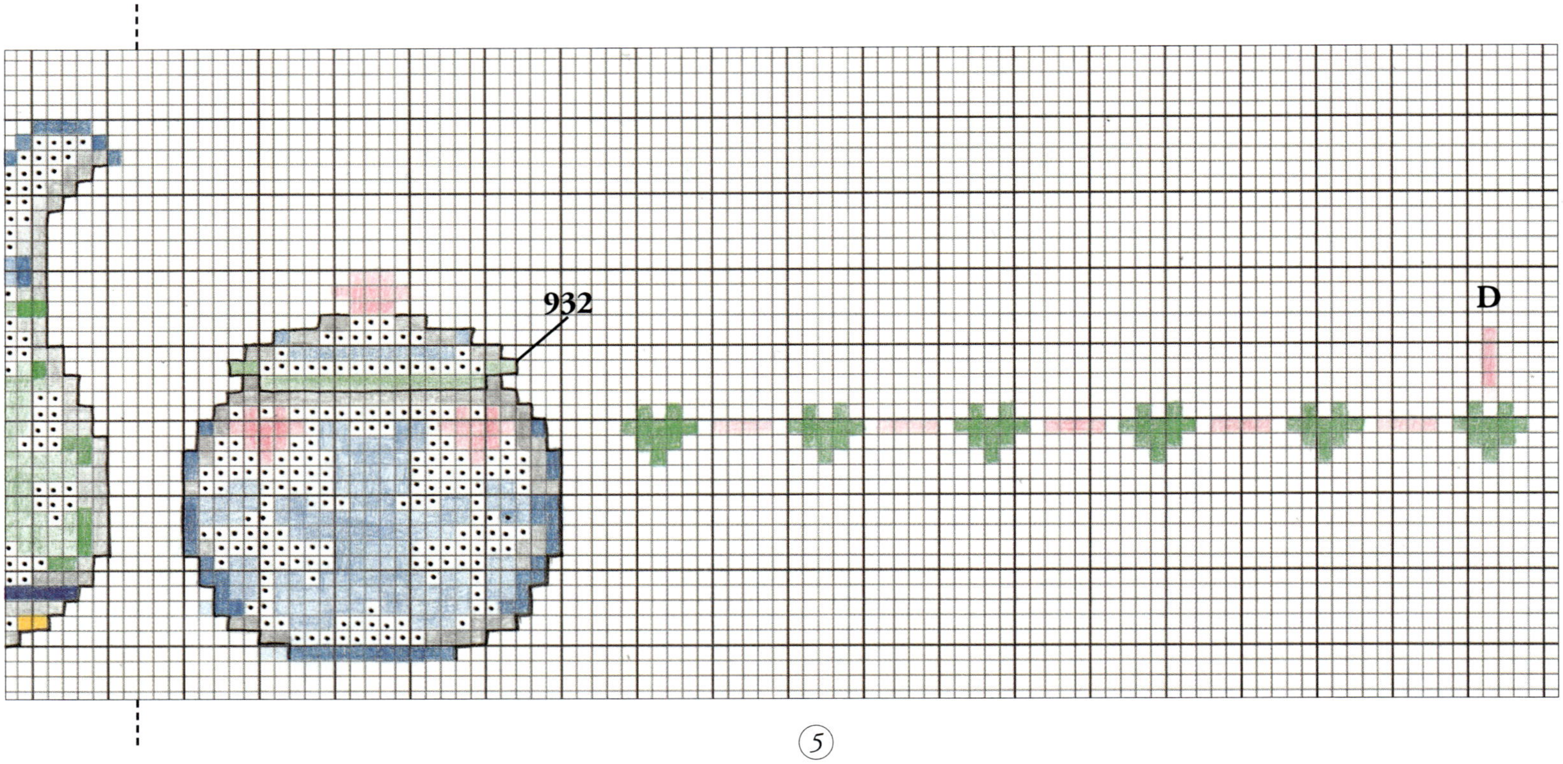

5

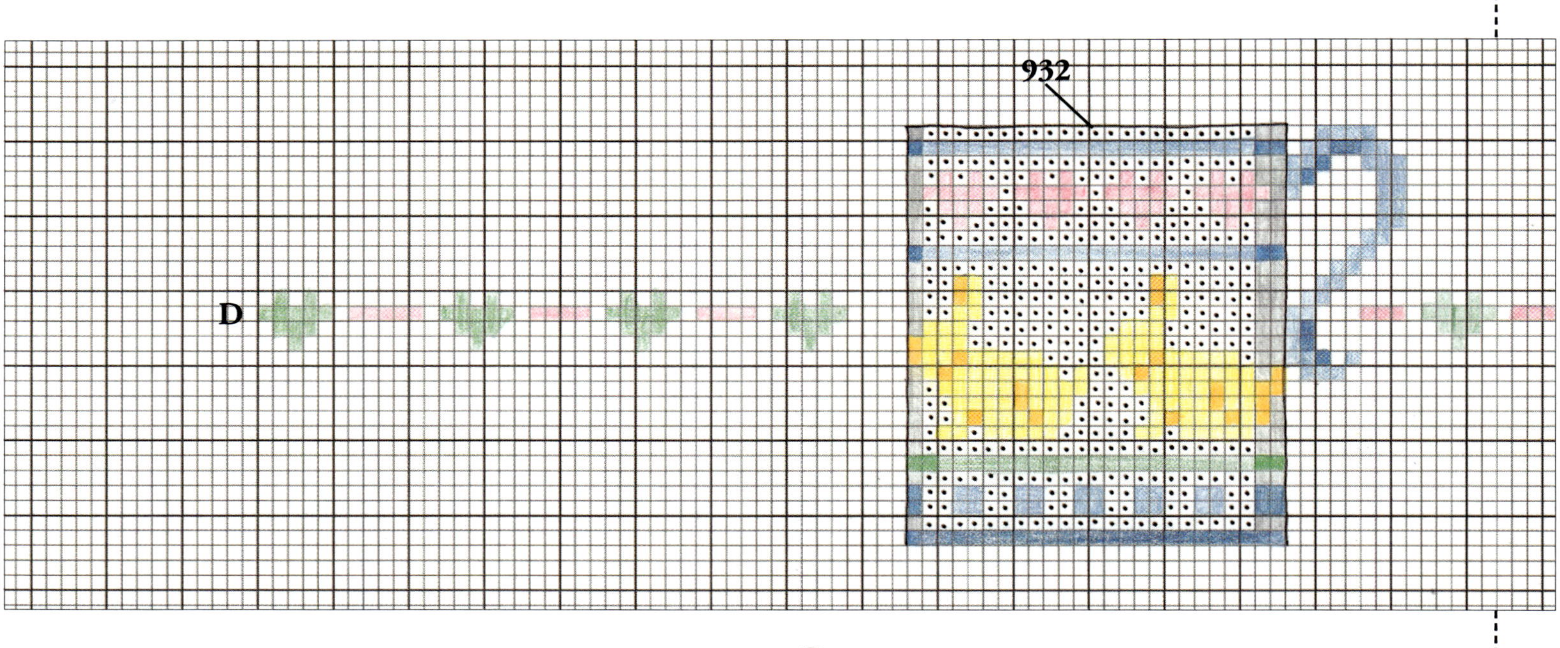

6

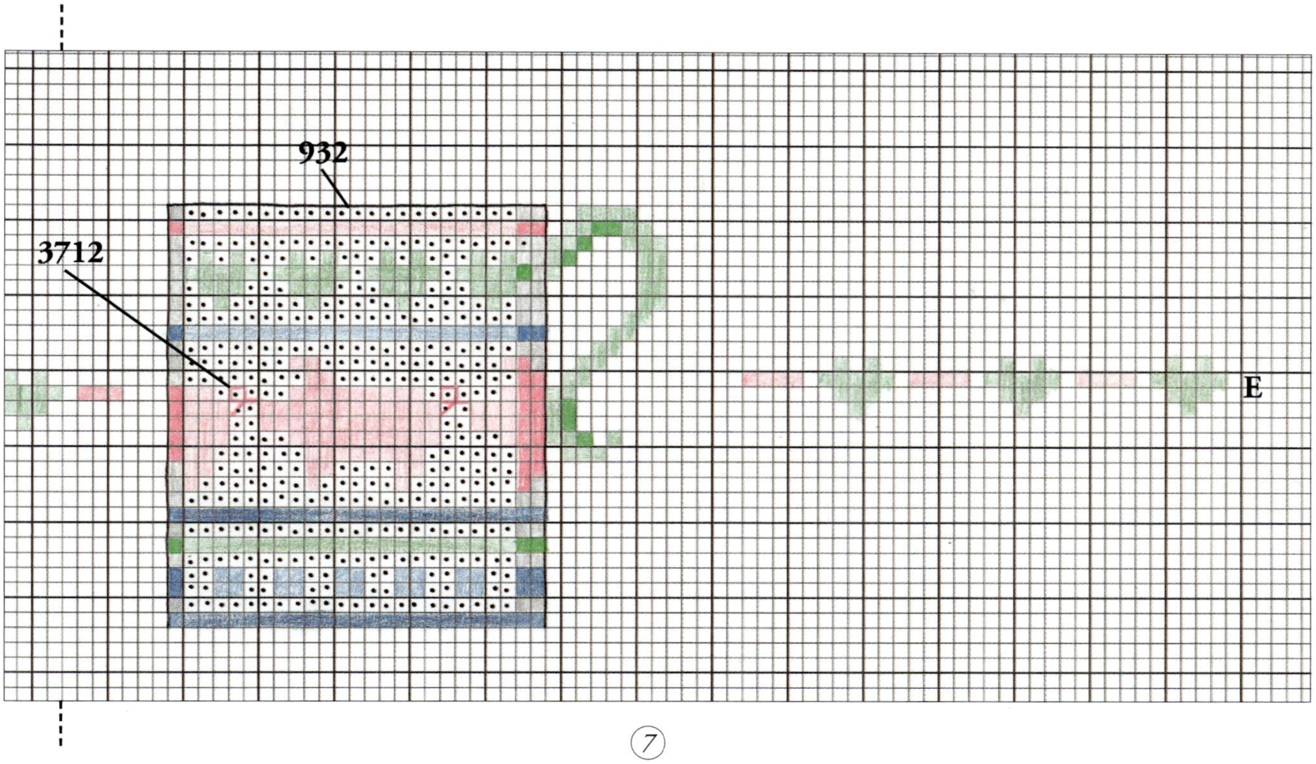

7

Mouliné
Spécial DMC

- 762
- 912
- 954
- 322
- 3755
- 312
- 676
- 677
- 3712
- 761
- Blanc

—— pt de piqûre, voir diagramme

---- raccord

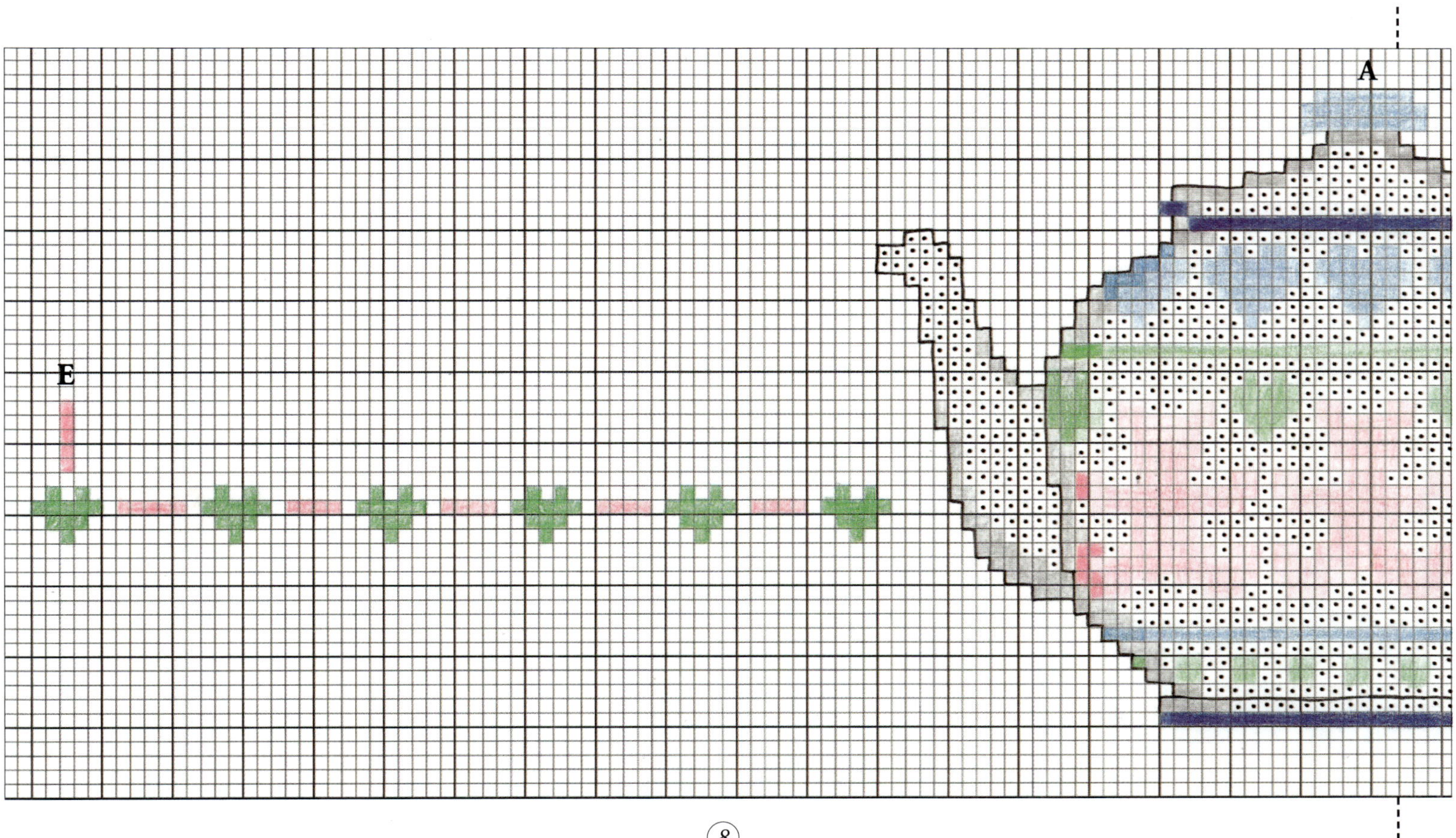

8

la dinette
de
EMMA

Tablier

La dînette

Un cadeau pour une petite fille gourmande qui aime aider sa maman.

Fournitures

Un torchon de cuisine en lin à broder : 48 x 74 cm.
Ruban de coton écru : 180 x 1,5 cm.
Une échevette de Mouliné Spécial DMC : bleu 797, 809, 798, vert 562, 564, orange 742, 743, marron 437, rouge 321, gris 762, 414, Blanc.

Réalisation

Repérer l'emplacement de la broderie avec un fil de couleur (fig. 1). Composer un prénom court ou deux initiales s'il est trop long, à l'aide de l'alphabet de la page 83. Utiliser le papier quadrillé de la page 176. Broder au point de croix avec 2 brins de Mouliné sur 2 fils de trame. Pour le point de piqûre, utiliser 1 brin. Suivre les indications du diagramme. La broderie terminée, repasser soigneusement sur l'envers. Couper une bande de 18 cm en haut du torchon, au-dessus de la broderie pour y tailler une poche de 24 x 20 cm (coutures de 1 cm comprises). Surfiler les quatre côtés, coudre un rentré de 3 cm en haut, marquer au fer à repasser un rentré de 1 cm sur les autres côtés. Centrer la poche sur le tablier, à 12 cm du bas puis la coudre. Découper deux arrondis sur les côtés selon le patron (fig. 2). Faire un ourlet de 1 cm tout autour de la partie découpée. Coudre les liens : deux fois 55 cm pour la taille, une fois 65 cm pour le tour de cou.

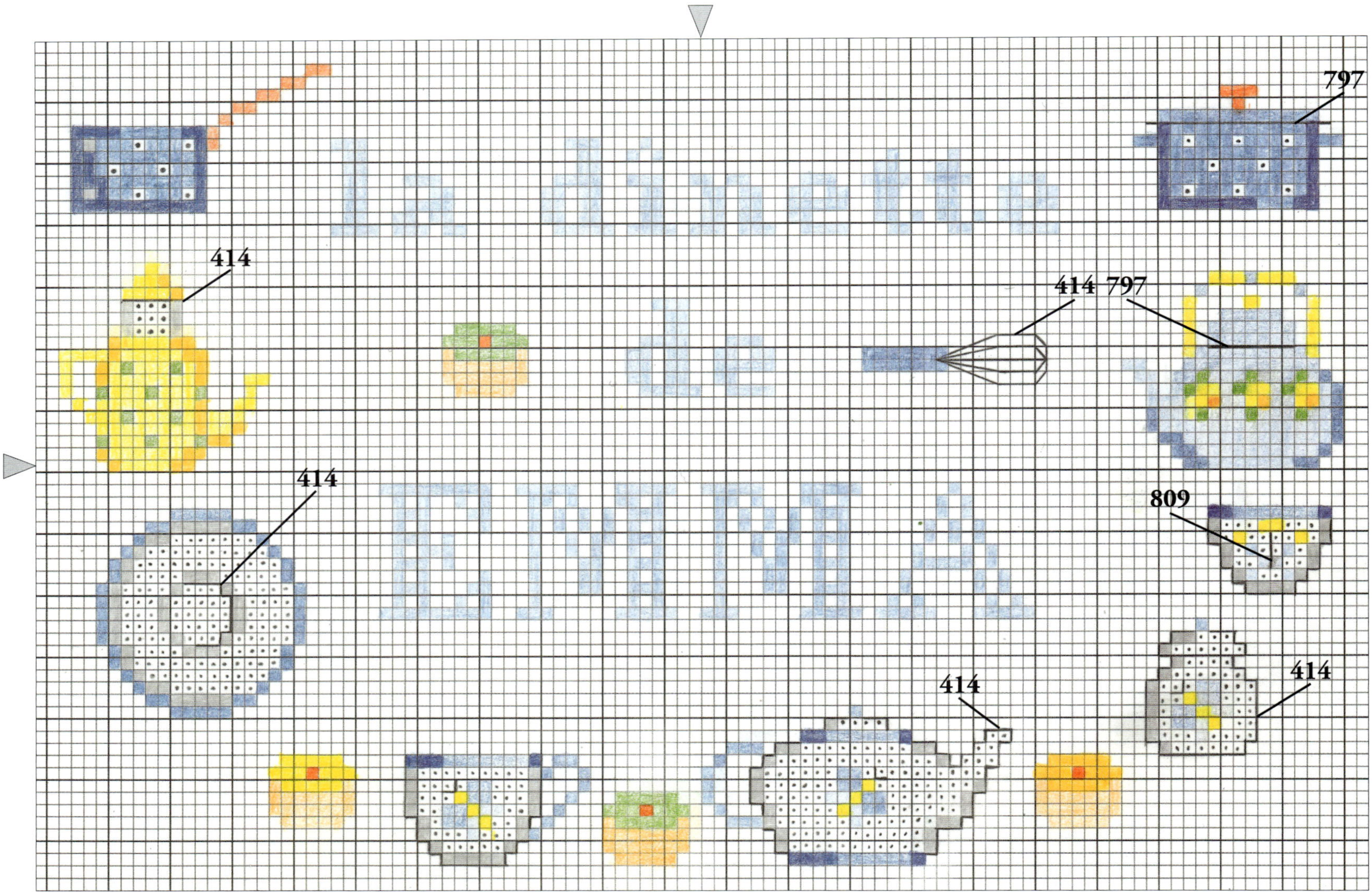

Mouliné
Spécial DMC

- 797
- 798
- 321
- 743
- 742
- 562
- 762
- Blanc
- 564
- 437
- 809

—— pt de piqûre, voir diagramme

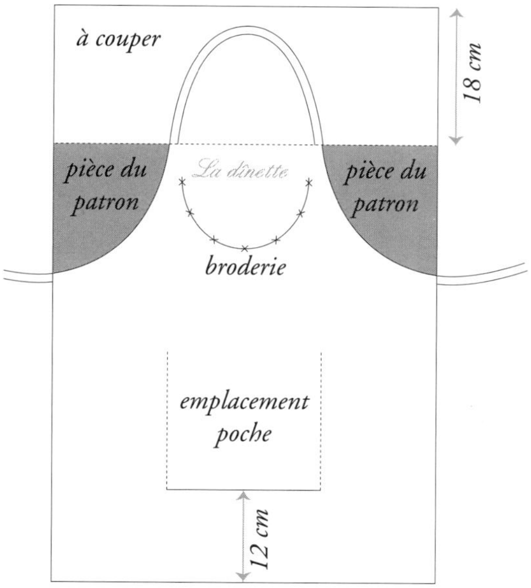
à couper
18 cm
pièce du patron
La dînette
pièce du patron
broderie
emplacement poche
12 cm

fig. 1

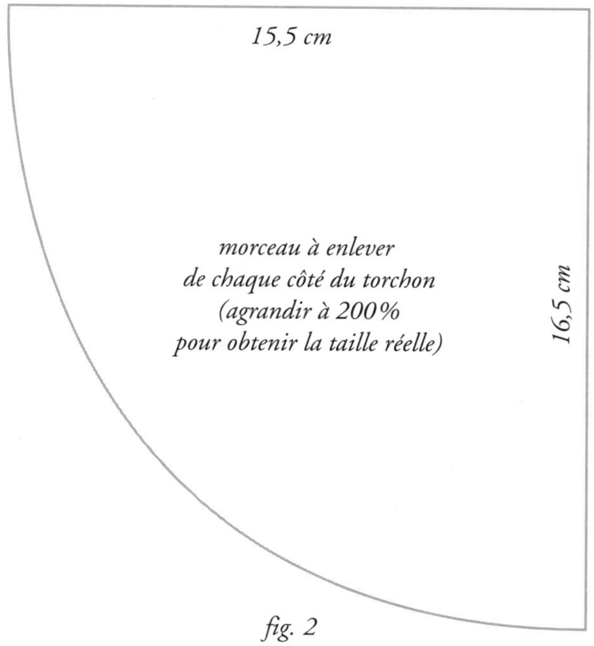
15,5 cm
morceau à enlever
de chaque côté du torchon
(agrandir à 200%
pour obtenir la taille réelle)
16,5 cm

fig. 2

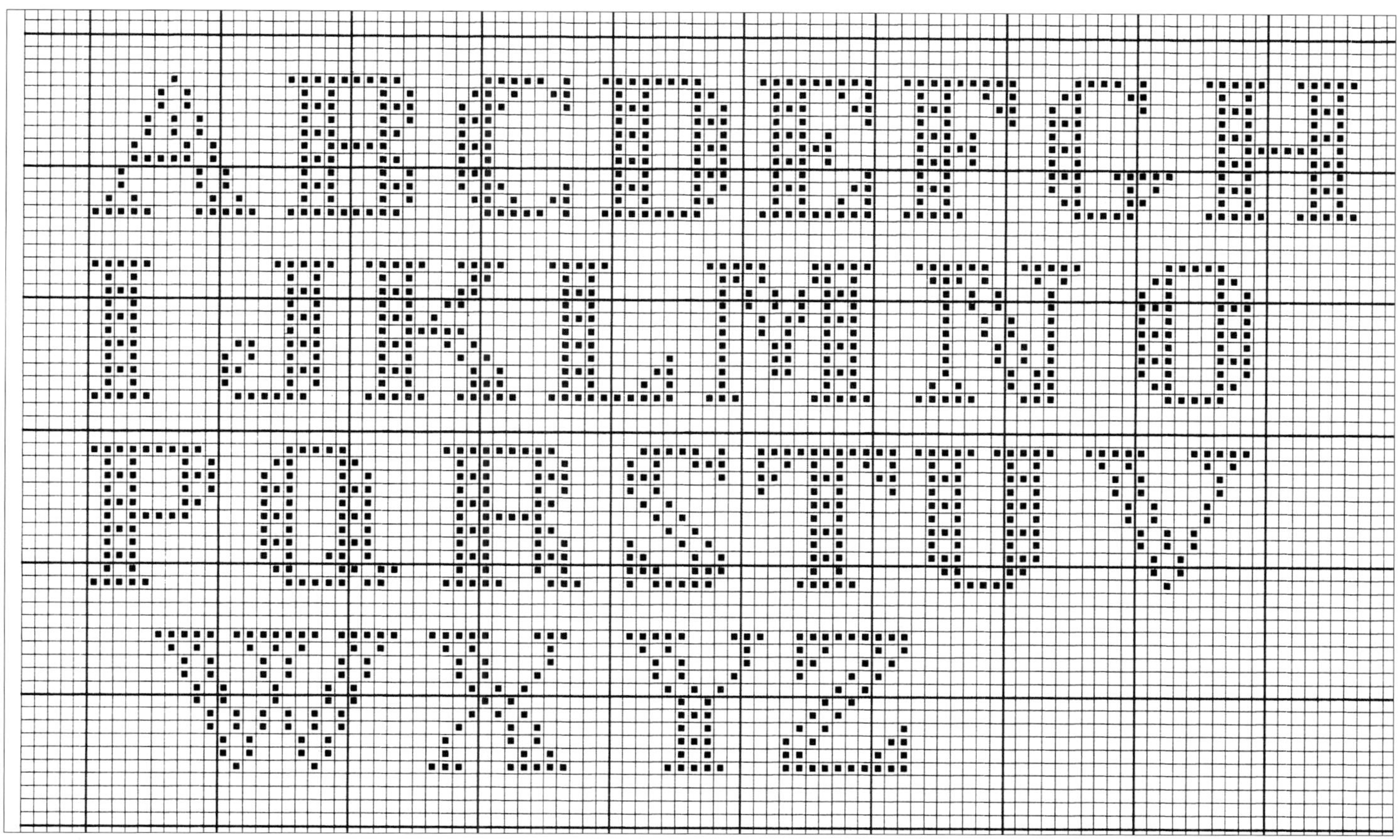

11 X 1999
MARIE a 10 ans

Tableau

L'anniversaire de Marie

Ce tableau d'une scène pastorale est inspiré d'un modèle anglais du XVIIIe siècle, qui fut traditionnellement brodé en soie.

Fournitures

Toile de lin écru (12 fils au cm) : 32 x 36 cm (marges de 8 cm).
Une échevette de Mouliné Spécial DMC :
bleu 3325, 312,
rose 3770, 335, 326, 776,
jaune 726, vert 966, 320,
brun 434, gris 762, 318,
Blanc.

Réalisation

Composer le texte choisi à l'aide du papier quadrillé de la page 176 et des alphabets de la page 87. Surfiler les côtés de la toile de lin. Repérer le milieu en la pliant en quatre. Broder au point de croix avec 2 brins de Mouliné sur 2 fils de trame. Pour le point de piqûre, utiliser 1 brin. Centrer le motif à l'aide des repères et des indications du diagramme. (Si ce dernier semble trop petit, ne pas hésiter à l'agrandir à la photocopieuse.) La broderie terminée, repasser soigneusement sur l'envers.

Mouliné Spécial DMC

- ✕ 3325
- ▲ 966
- • Blanc
- ⟍ 762
- ◣ 312
- ☆ 320
- – 3770
- ■ 434
- + 726
- ● 335
- ★ 326
- ⟋ 776
- —— pt de piqûre, voir diagramme

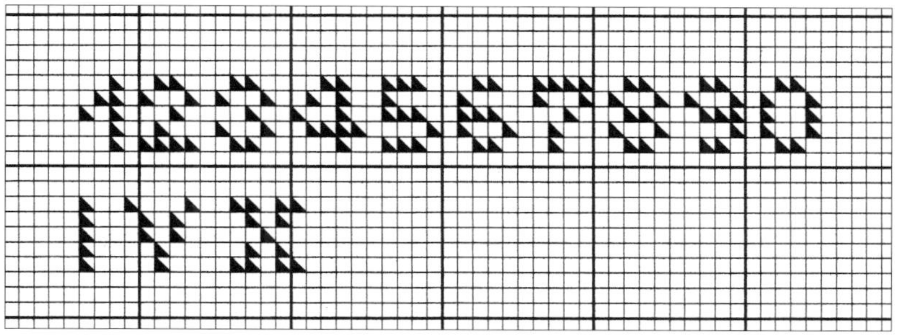

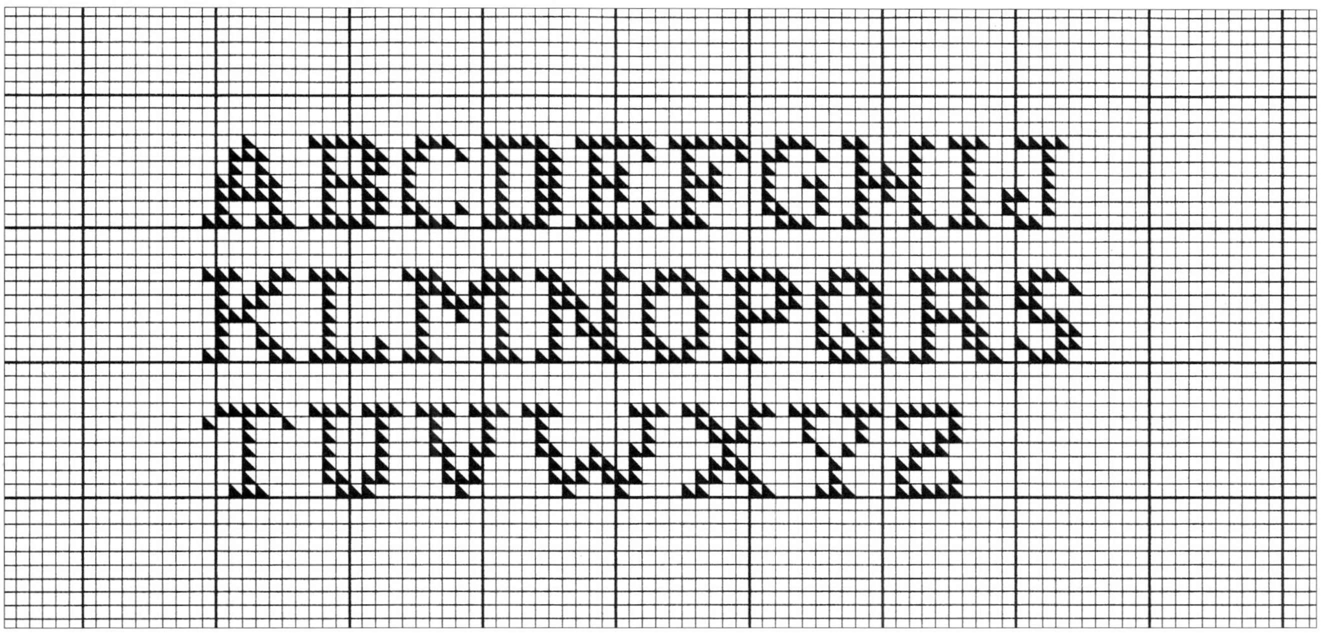

Abécédaire

Les œillets

Romantisme des lettres anglaises aux œillets bleus pour un simple abécédaire ou une pochette brodée d'un monogramme rose. Mais l'alphabet peut s'habiller d'un bleu profond et les œillets de jaune pâle.

Fournitures

Toile de lin blanc (12 fils au cm) : 43 x 35,5 cm (marges de 8 cm).
Une échevette de Mouliné Spécial DMC : bleu 3325, 322, vert 966.
Deux échevettes de Mouliné Spécial DMC : rose 776.

Réalisation

Surfiler les quatre côtés de la toile. Repérer le milieu en la pliant en quatre. Broder au point de croix avec 2 brins de Mouliné sur 2 fils de trame. Centrer la broderie en utilisant les indications du diagramme. La broderie terminée, repasser soigneusement sur l'envers.

Mouliné
Spécial DMC

- 776
- 966
- 322
- 3325

---- raccord

Mouliné
Spécial DMC

776

966

322

3325

---- raccord

Dans
un
Jardin
CASA FONDATA
NELL'ANNO 1612
OFFICINA PROFUMO FARMACEUTICA
DI S.M. NOVELLA - FIRENZE
SAPONE
al
MELOGRANO

Pochette

Frise d'œillets

Fournitures

Toile de lin blanc (12 fils au cm) : une fois 22 x 20 cm pour le dessus devant brodé ; une fois 20 x 20 cm pour le dessous dos ; une fois 17,5 x 20 cm pour le dessus brodé de la poche ; une fois 15,5 x 20 cm pour l'intérieur de la doublure de la poche. Doublure de coton blanc : deux fois 20 x 20 cm (coutures de 1 cm comprises). Une fermeture à glissière blanche de 18 cm. Une échevette de Mouliné Spécial DMC : bleu 3325, 322, vert 966, rose 776.

Réalisation

Choisir une initiale dans l'alphabet aux œillets page 89. Surfiler les côtés du devant et de la poche, repérer l'emplacement des broderies avec un fil de couleur en plaçant le haut de la frise à 3,5 cm des bords supérieurs. Broder au point de croix avec 2 brins de Mouliné sur 2 fils de trame. Les deux frises doivent mesurer 18 cm de longueur. Centrer l'initiale choisie sur la poche.

Les broderies terminées, repasser. Faire un rentré de 3 cm au-dessus des frises, marquer au fer à repasser puis recouper 2 cm. Assembler la partie brodée de la poche avec sa doublure, endroit contre endroit, retourner et repasser la couture. Coudre la fermeture à glissière entre le dessus du devant brodé et le dessous du dos de la pochette. Bâtir la poche sur l'endroit du dessus de la pochette. En laissant la fermeture à glissière ouverte d'environ 5 cm, rabattre les deux morceaux (dessus du devant et dessous du dos) l'un sur l'autre, endroit contre endroit – la poche est prise entre les deux. Piquer tout autour à 1 cm du bord. Retourner sur l'endroit, repasser. Assembler la doublure sur trois côtés, la glisser à l'intérieur de la pochette, la coudre à petits points cachés près de la fermeture à glissière. La pochette terminée mesure 18 x 18 cm.

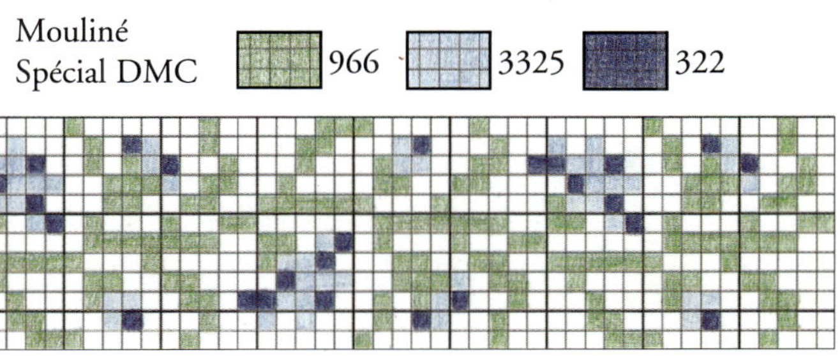

invitation
pour

Invitations

Les mosaïques

Deux broderies composées des mêmes dessins forment deux mosaïques interprétées différemment dans les couleurs : l'une en bleu et vert, l'autre multicolore. Ces mosaïques feront d'originales invitations.

Fournitures

Toile Feinaïda blanche : 19 x 13,5 cm (marges de 3 cm).
Toile thermocollante assez rigide : 13 x 7,5 cm.
Une échevette de Mouliné Spécial DMC :
Pour la version multicolore jaune 726, orange 741, rose 899, 326, bleu 3325, 796, 806, vert 563, 562.
Pour la version bicolore bleu 322, 3325, 806, 796, 336, 798, vert 911, 563, 562.

Réalisation

Repérer le milieu de la toile à broder. Suivre les indications du diagramme, broder au point de croix et au point de piqûre avec 1 brin de Mouliné. Bien centrer le motif. La broderie terminée, repasser soigneusement sur l'envers. Recouper les côtés à environ 1 cm du bord. Rabattre au fer à repasser un rentré de 1 cm, sur l'envers. Le pli doit se trouver à un carreau de la broderie. Fixer au fer à repasser la toile thermocollante par-dessus les rentrés, au dos de la broderie. On peut écrire un message avec un crayon ou un stylo pour tissu. La broderie terminée mesure 13 x 7,5 cm, elle entre alors dans des enveloppes de 14 x 9 cm.

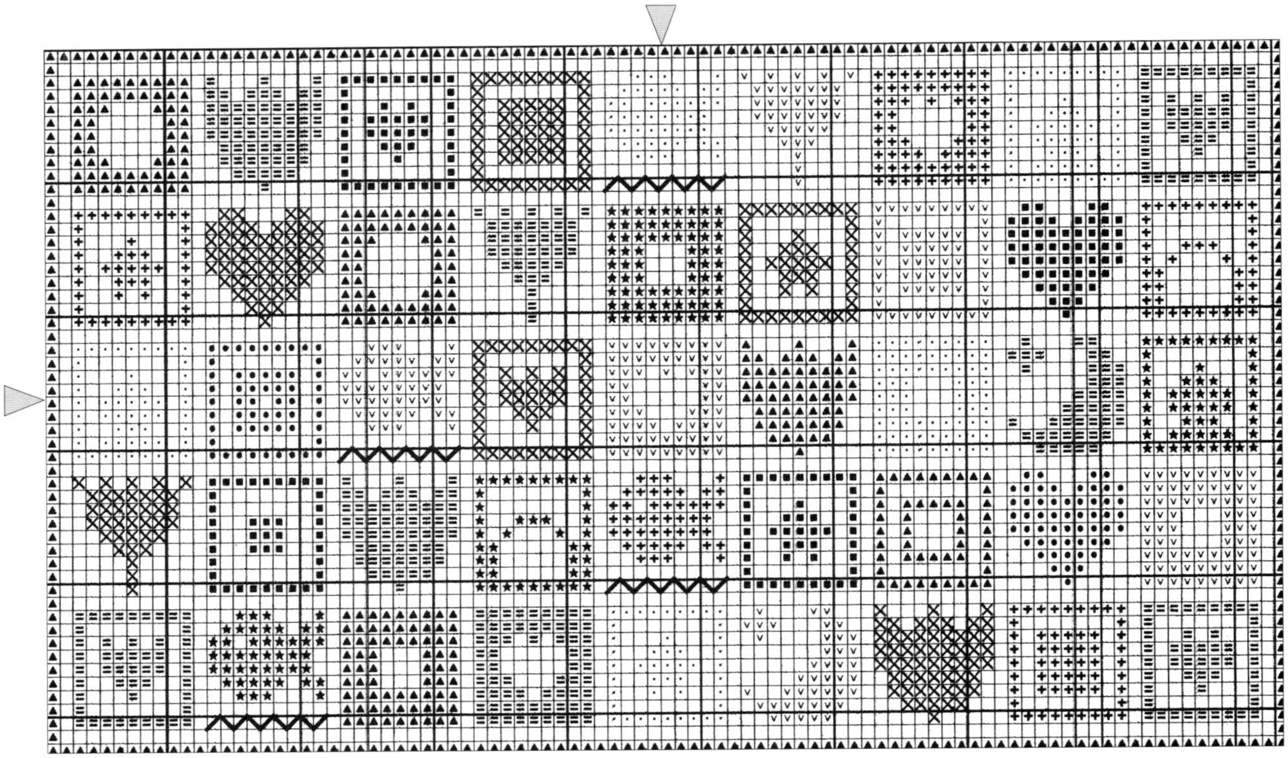

Version multicolore

Mouliné
Spécial DMC

▲ 741

v 726

· 3325

+ 563

■ 562

= 326

• 899

★ 806

✕ 796

—— pt de piqûre, voir diagramme

Mouliné
Spécial DMC

☆ 322

• 3325

+ 563

■ 562

★ 806

✕ 796

♦ 336

⁄⁄ 798

● 911

——

pt de piqûre,
voir
diagramme

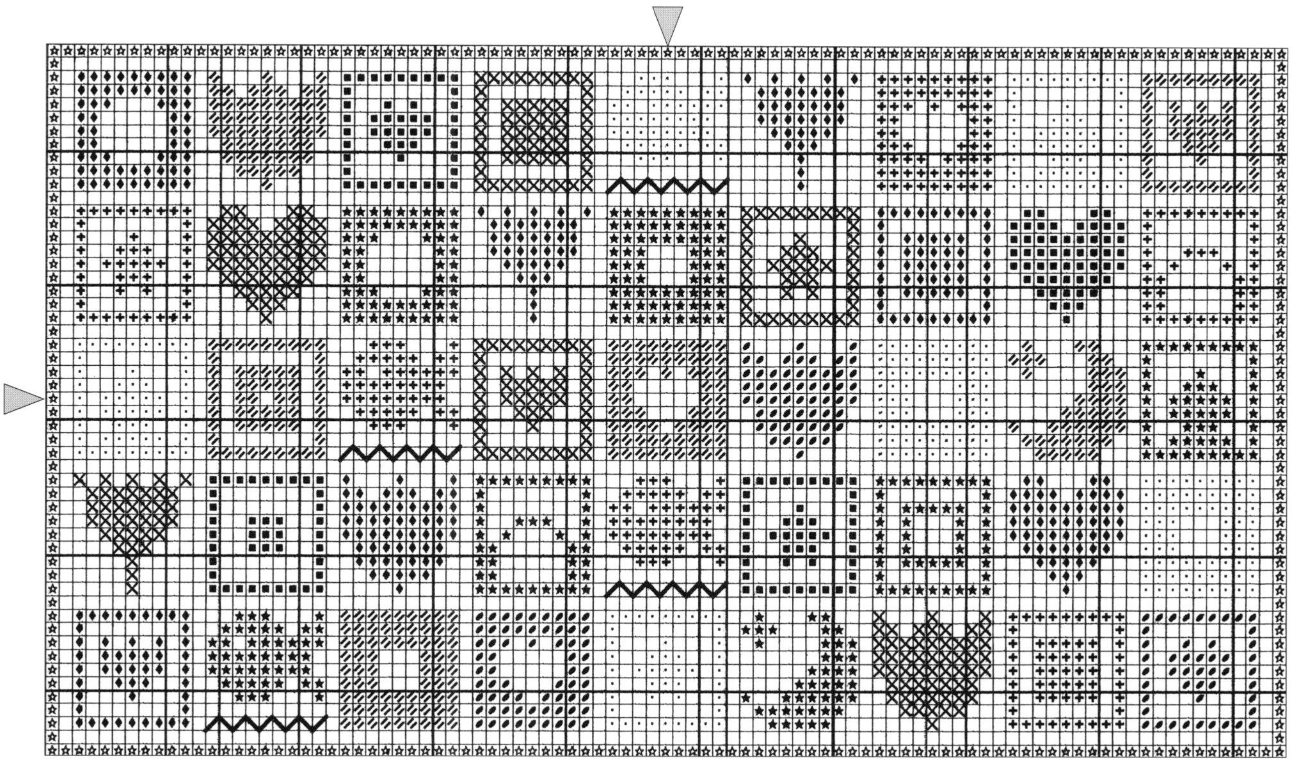

Version bicolore

KNIT

Chambre de poupée

Semis rose et bleu

L'harmonie des petites roses et du ruban bleu courant sur le tapis et la parure de lit de sa poupée enchantera votre petite fille.

Fournitures

Pour le drap : 26 x 20 cm de toile de lin ou de coton fin, 12 x 4 cm de tire-fil (12 fils au cm), 19 cm de dentelle.
Pour l'oreiller : deux fois 6 x 5 cm de toile de lin ou de coton fin, 3 x 2 cm de tire-fil (12 fils au cm), 20 cm de dentelle.
Pour le dessus-de-lit : 18,5 x 19 cm de toile de lin écru (12 fils au cm), 15,5 x 16 cm de toile thermocollante fine et souple.
Pour le tapis : 19,5 x 14 cm de toile de lin écru (12 fils au cm), 10,5 x 16 cm de toile thermocollante rigide.

Les coutures de 0,5 cm pour le drap et l'oreiller sont comprises ainsi que les rentrés de 1,5 cm pour le dessus-de-lit et le tapis.
Il est possible de choisir des marges plus grandes afin de broder avec un tambour.
Vérifier les dimensions en fonction du lit de poupée choisi.
Une ou deux échevettes (selon ce que l'on veut broder) de Mouliné Spécial DMC : bleu 826, 827, 824, rose 776, 335, vert 562.

Réalisation

Le drap Surfiler les quatre côtés. Repérer la disposition de la broderie en plaçant le bas des tiges des roses à 2,5 cm du bord. Coudre soigneusement le tire-fil puis broder au point de croix, en prenant les deux épaisseurs ensemble, avec 2 brins de Mouliné sur 2 fils de trame du tire-fil. La broderie terminée, ôter le tire-fil. Repasser soigneusement sur l'envers. Coudre la dentelle sur le revers du drap, faire un petit rentré de 0,5 cm sur les trois autres côtés.

L'oreiller Coudre le tire-fil sur un des morceaux de la toile choisie, broder au point de croix avec 1 brin de Mouliné sur 1 fil de trame du tire-fil. La broderie terminée, ôter le tire-fil et repasser soigneusement. Coudre l'oreiller en réservant une ouverture, retourner, remplir avec un peu de bourrage synthétique ou de coton, fermer l'ouverture à petits points. Coudre la dentelle autour de l'oreiller.

Le dessus-de-lit Surfiler les côtés. Commencer à broder en plaçant l'angle A à 1,5 cm des deux bords (en haut à gauche), et en répétant le motif autant que nécessaire (laisser 1,5 cm tout autour). Broder au point de croix avec 2 brins de Mouliné sur 2 fils de trame. Sur l'envers, faire un rentré de 1,5 cm tout autour, plier les angles en onglet, marquer le tout au fer à repasser. Fixer la toile thermocollante fine et souple, par-dessus.

Le tapis Surfiler les côtés, repérer le milieu de la toile en la pliant en quatre. Centrer le motif en suivant les indications du diagramme. Broder au point de croix avec 2 brins de Mouliné sur 2 fils de trame. Sur l'envers, faire un rentré de 1,5 cm tout autour, plier les angles en onglet, marquer le tout au fer à repasser. Fixer la toile thermocollante, rigide, par-dessus. Repasser soigneusement.

Mouliné Spécial DMC

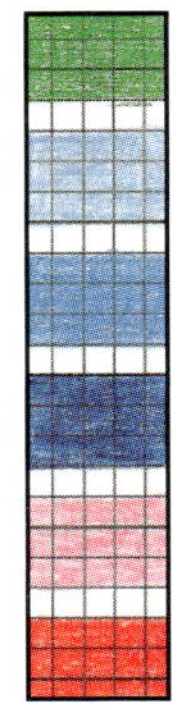

Dessus-de-lit

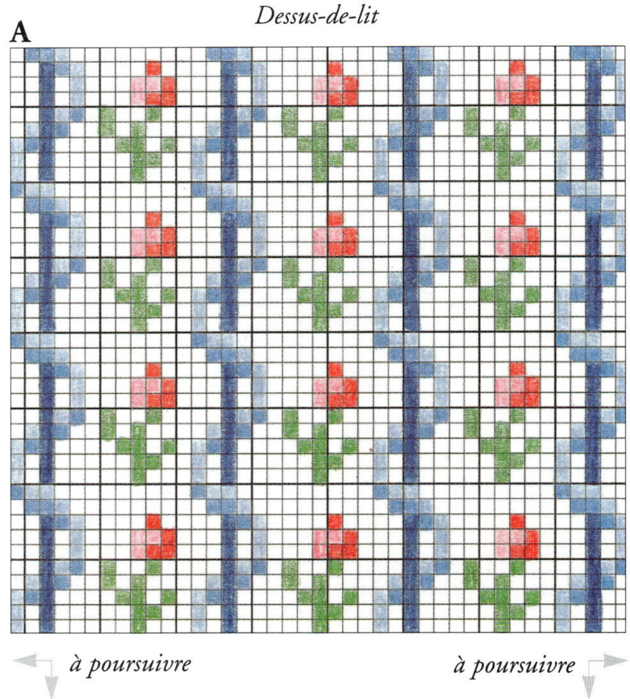

Oreiller

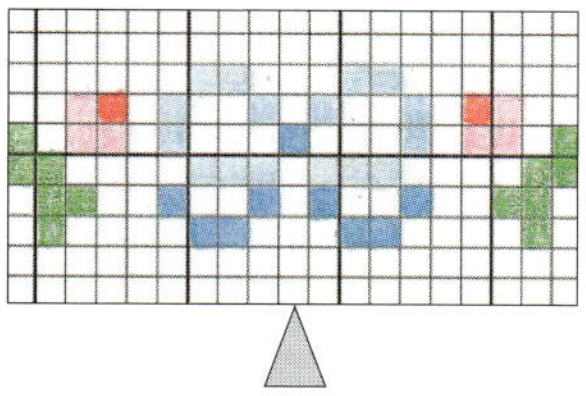

Drap

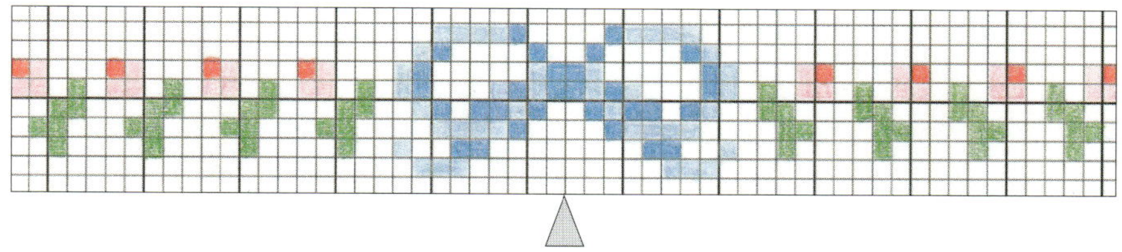

Tapis

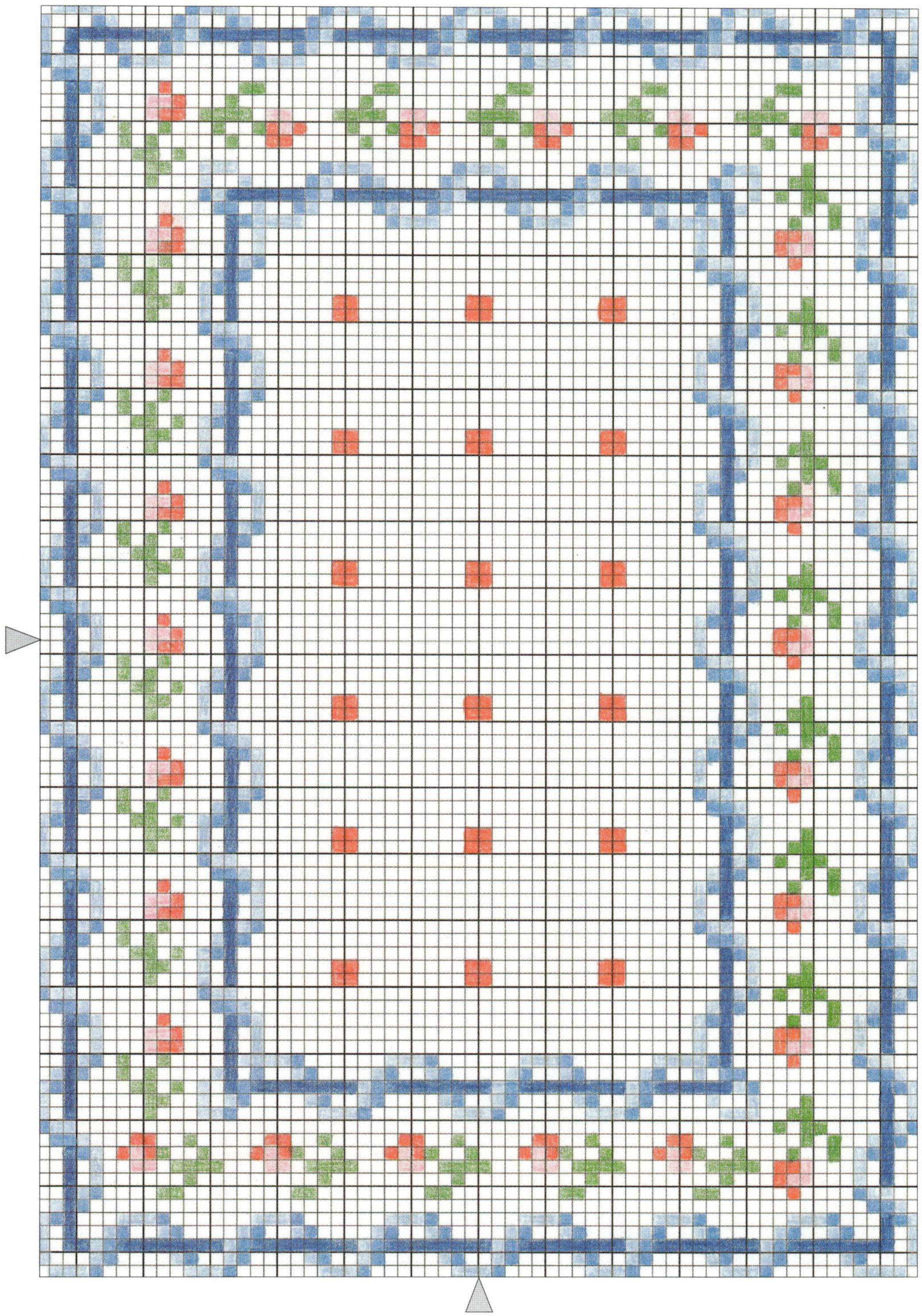

Deux miniatures ABC

Fournitures

Toile de lin blanc (12 fils au cm) : 10 x 9 cm (marges de 3 cm).
Toile de lin bis (12 fils au cm) : 11,5 x 9,5 cm (marges de 3 cm).
Une échevette de Mouliné Spécial DMC :
Pour l'abécédaire sur lin blanc bleu 598, vert 368, 320, rouge 349, rose 353, jaune 727, gris 3799.
Pour l'abécédaire sur lin bis bleu 798, vert 320, 368, jaune 727, orange 740.

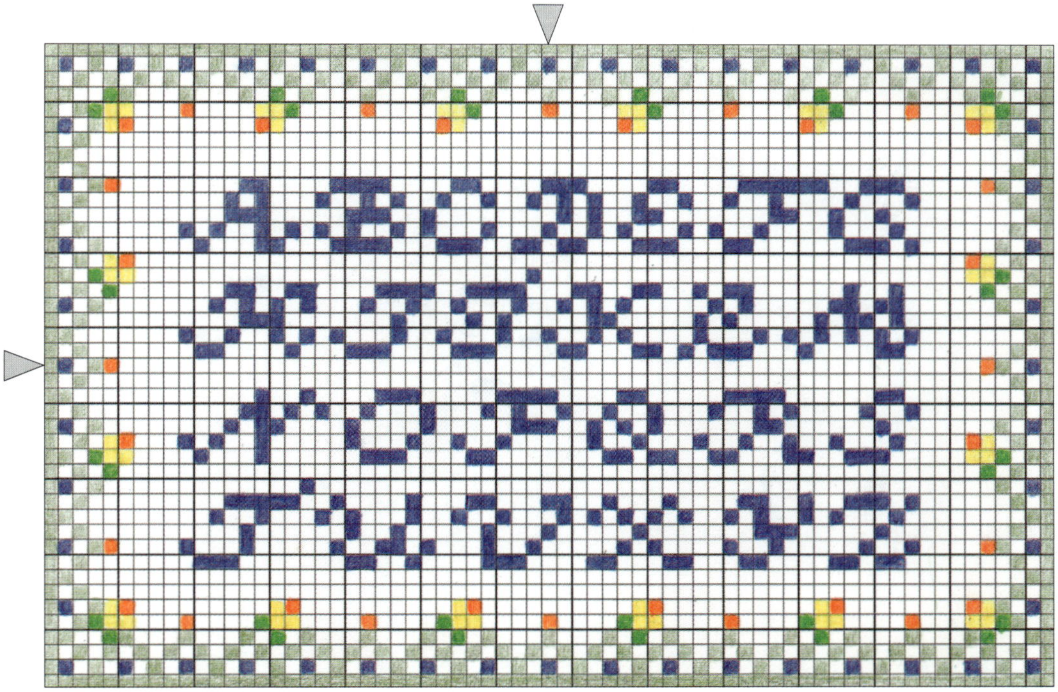

Mouliné Spécial DMC
- 368
- 320
- 798
- 727
- 740

Mouliné Spécial DMC
- 598
- 368
- 320
- 353
- 349
- 727
- 3799

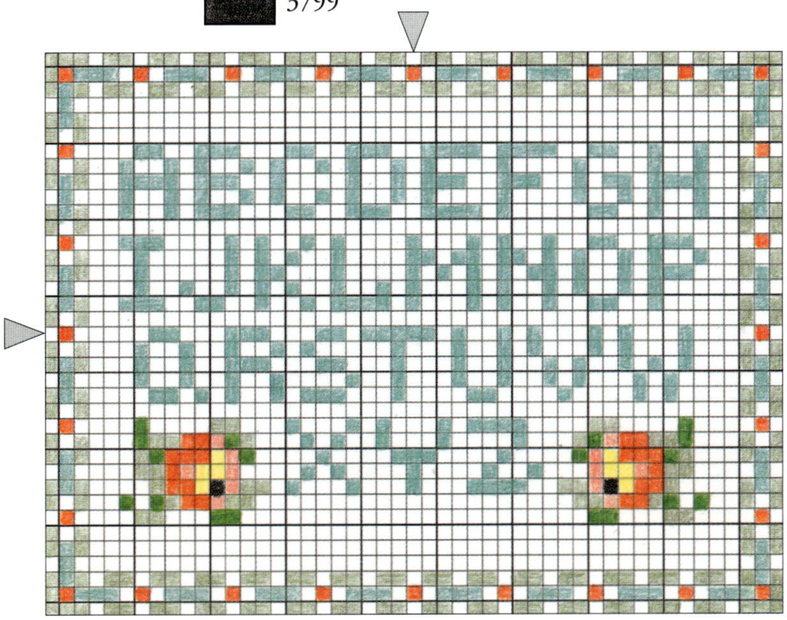

Réalisation

Surfiler les quatre côtés. Repérer le milieu en pliant la toile en quatre. Centrer la broderie en suivant les indications du diagramme. Broder au point de croix avec 1 brin de Mouliné sur 1 fil de trame. La broderie étant très fine, il peut être nécessaire de travailler à l'aide d'une loupe que l'on accroche autour du cou. La broderie terminée, repasser soigneusement sur l'envers.

Souris brodées

Moustache et Lili

Ces deux souris en toile de lin, faciles à réaliser et directement brodées de lingerie fine, enchanteront vos enfants.

Fournitures

Pour Lili : toile de lin blanc (12 fils au cm) : 50 x 35 cm.

Pour Moustache : toile de lin bis (12 fils au cm) : 50 x 35 cm.

Liens de lin blanc et bis de 27 cm pour les queues des souris.
Une échevette de Mouliné Spécial DMC : bleu 798, rose 776, 335, Blanc, gris 413 pour les yeux et les moustaches de Moustache ; gris 318 pour les moustaches de Lili.
Fibre synthétique pour garnir les souris.

Réalisation

Marquer sur la toile de lin, avec un crayon à patron, les différentes pièces de la souris, ajouter 2 cm pour les coutures. Broder le corps (dos et devant) au point de croix avec 2 brins de Mouliné sur 2 fils de trame. Pour le point de piqûre, utiliser 1 brin. La broderie terminée, repasser soigneusement sur l'envers.

Couper les pièces. Commencer par assembler la tête : les deux côtés (fig. 1) et le dessus (fig. 2), puis la garnir de fibre synthétique. Assembler les oreilles (fig. 3), les fermer, les coudre sur les côtés de la tête. Former les bras et les jambes (fig. 4 et 5), tasser la fibre à l'intérieur. Bâtir sur le dos, les membres de la souris, en les tournant vers l'intérieur et en respectant les emplacements non brodés. Poser le devant sur le dos (fig. 6), endroit contre endroit, en prenant les bras et les jambes entre les deux. Coudre tout autour en laissant une ouverture pour le cou. Retourner sur l'endroit, tasser la fibre à l'intérieur. Glisser la tête dans l'ouverture, la coudre à petits points serrés et solides. Coudre solidement la queue. Broder les yeux, le bout du museau et les moustaches. Pour faire tenir les moustaches, les enduire de colle à tissu ou d'eau sucrée.

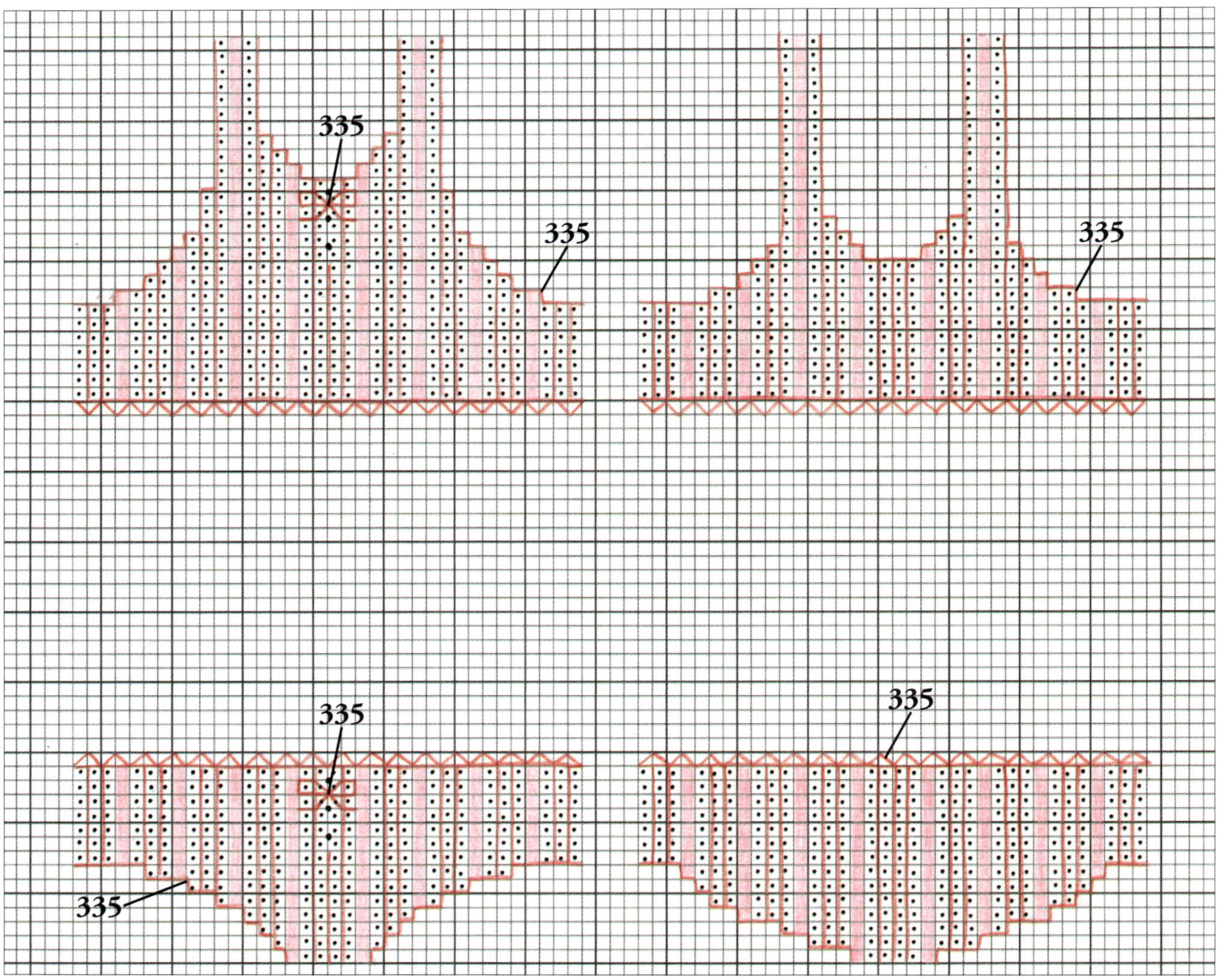

Mouliné Spécial DMC

776

Blanc

— pt de piqûre, voir diagramme

Pour obtenir la taille réelle, agrandir ces patrons à la photocopieuse à 200 %

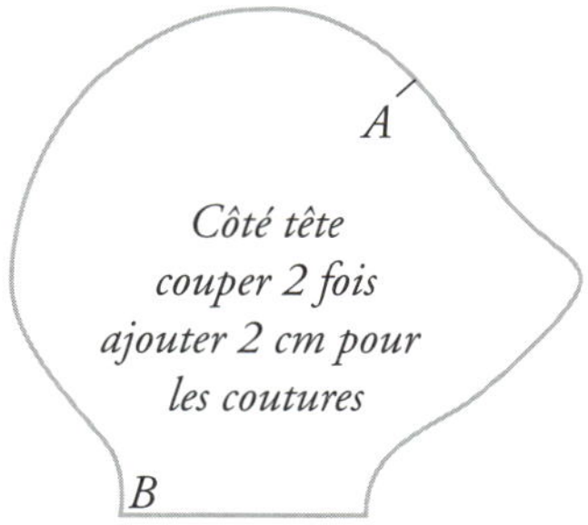

fig. 1

côté cou

fig. 2

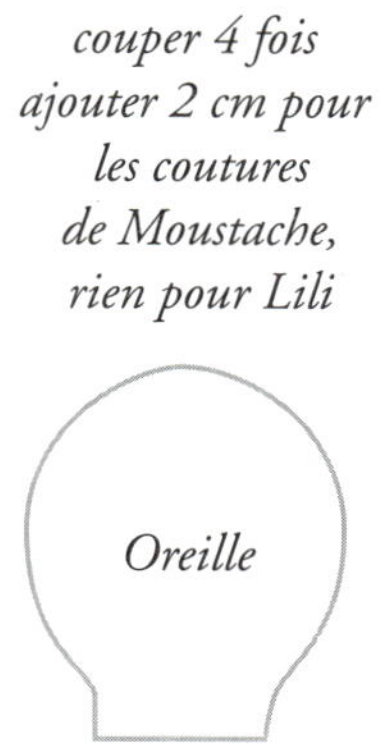

fig. 3

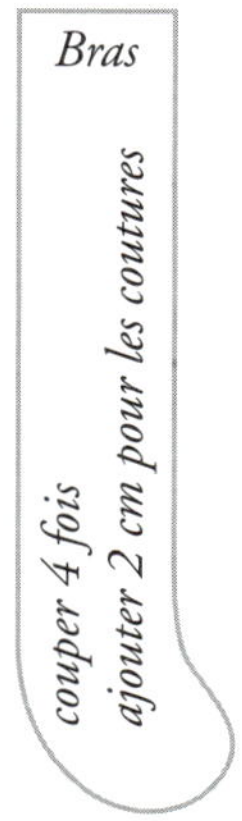

fig. 4

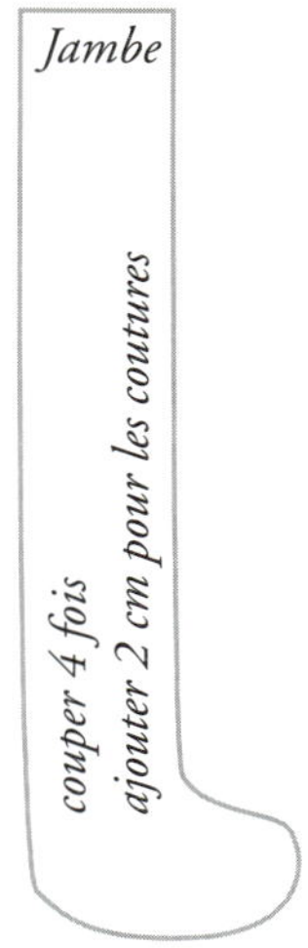

fig. 5

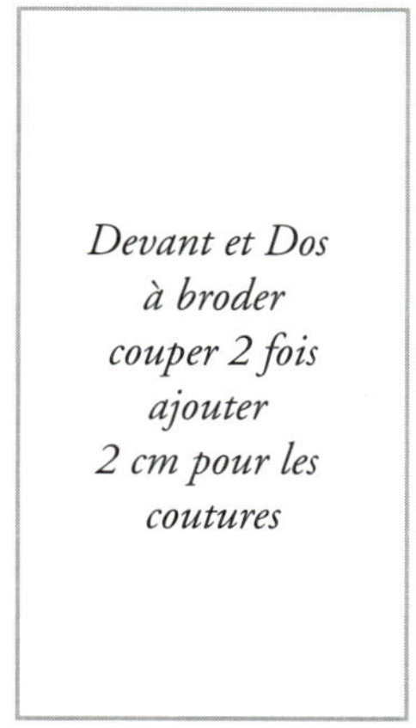

fig. 6

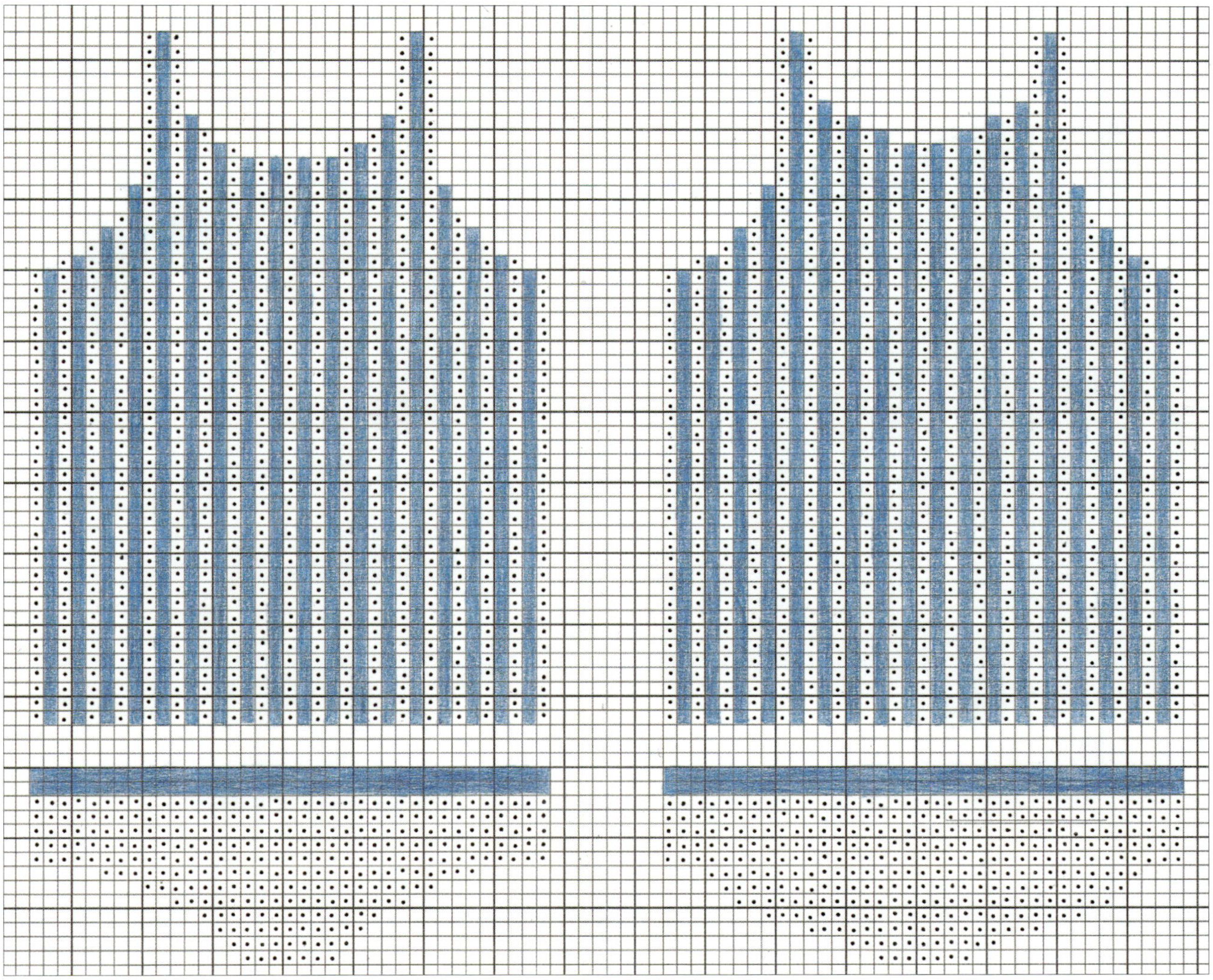

Mouliné
Spécial DMC

798

Blanc

Moustache et Lili

La garde-robe

Pour une soirée, Lili a choisi une robe en soie et une veste aux tons assortis. Moustache est très fier de son pantalon aux reflets changeants. Vous pouvez personnaliser les souris selon vos goûts et votre imagination.

Fournitures

Divers petits coupons de tissus précieux : soie, taffetas changeant, etc.
Des rubans, des galons, des perles, du fil élastique, 30 cm d'élastique en 0,5 cm de largeur, un peu de Velcro ou des pressions.

Réalisation

Utiliser les différents patrons en ajoutant 1 cm pour les coutures et 2 cm pour les ourlets.

La jupe Assembler le dos et le devant, endroit contre endroit, par les coutures de côté, puis surfiler. Faire un ourlet en haut et en bas. À 1,3 cm du bord supérieur, réaliser deux coutures élastiques espacées de 0,5 cm. Pour ce faire, garnir la canette de la machine à coudre de fil élastique.

Le jupon Fermer le jupon par une couture, faire une coulisse à la taille de 0,7 cm de largeur puis y glisser un élastique de 14 cm. Coudre un galon au bas du jupon.

La veste Assembler le dos et les devants par les coutures de côté, pour le dessus et la doublure. Glisser les deux parties l'une dans l'autre, endroit contre endroit, piquer le long des devants et autour de l'encolure. Retourner sur l'endroit, fermer le bas de la veste et le bas des manches à petits points cachés. Nouer un ruban assorti autour de la taille de la souris.

La chemise Couper les différentes pièces dans un tissu fin de coton. Assembler le dos et les devants par les coutures d'épaule, surfiler les coutures. Puis coudre les manches au corps en faisant correspondre le milieu des manches et la couture d'épaule. Fermer les manches et les côtés. Ourler le bas des manches et le bas de la chemise. Surfiler les bords des devants et faire un rentré de 0,5 cm. Plier le col en deux, endroit contre endroit, piquer les côtés, retourner et repasser. Monter le col sur l'encolure. Coudre des petits morceaux de Velcro ou des pressions pour fermer la chemise.

Le pantalon Fermer la couture des jambes, faire un ourlet dans le bas, enfiler, endroit contre endroit, une jambe dans l'autre, piquer la couture de devant et de dos. Surfiler les coutures. Faire une coulisse à la taille de 0,7 cm de largeur puis y glisser un élastique de 14 cm environ.

Le gilet Suivre les indications de la veste en ajoutant la couture des épaules. Coudre, à la main, un petit nœud papillon, le monter sur un fil élastique.

Patrons des vêtements de Lili
Pour obtenir la taille réelle, agrandir à 200 %

Jupe et jupon Dos et Devant

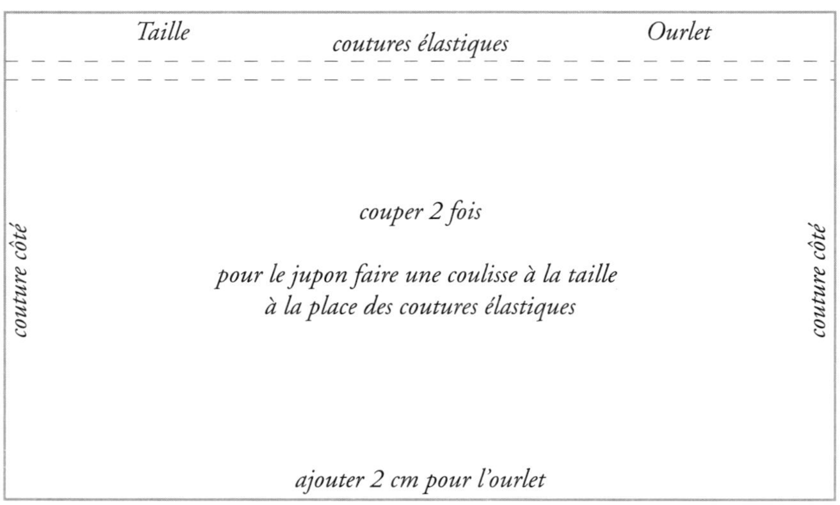

Veste

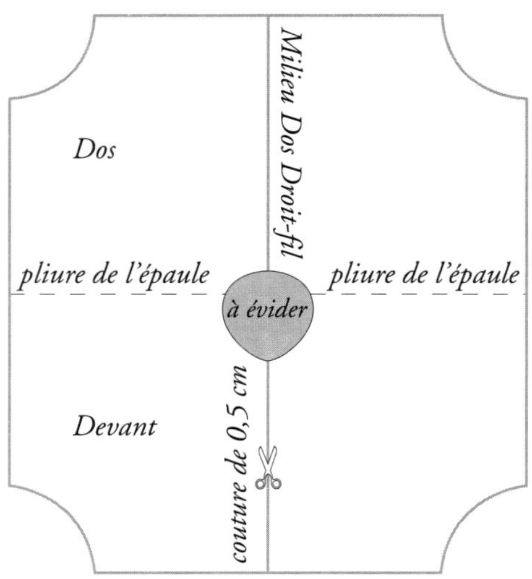

Patrons des vêtements de Moustache

Pour obtenir la taille réelle, agrandir à 200 %

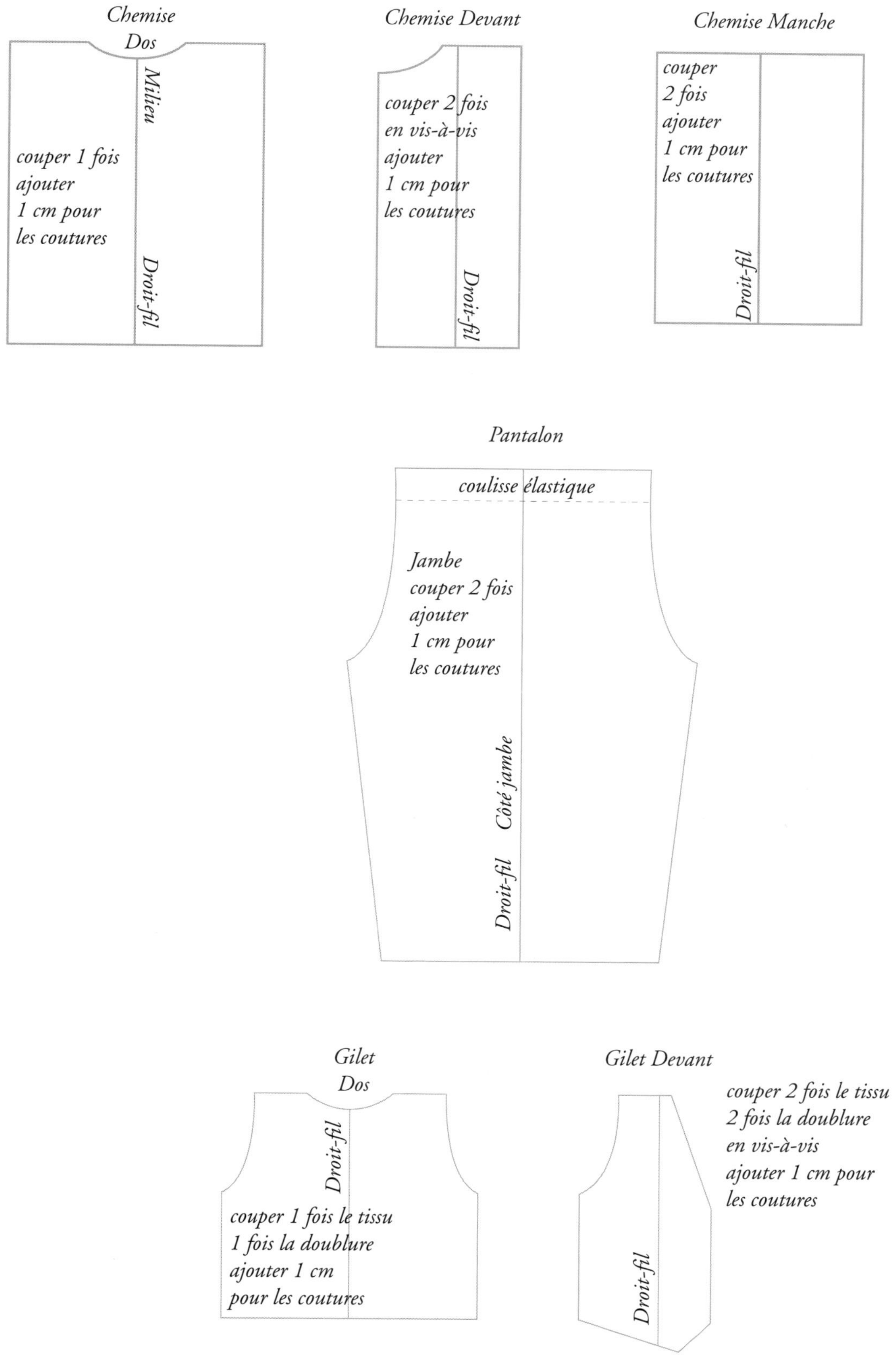

LES TROIS OIES

Parure de lit pour poupée

Les canetons

La frise des canetons jaunes sur le drap et le rappel sur la taie s'associent bien avec le bleu de la couverture en mohair.

Fournitures

Toile de lin écru :
60 x 54 cm pour le drap,
27 x 27 cm pour le dessus de la taie et
deux fois 27 x 16 cm pour le dessous de la taie.
Ruban à pressions : 25 cm.
Une échevette de Mouliné Spécial DMC :
bleu 598, vert 367, 368, jaune 727, orange 742, beige 422, rose 352, 353, rouge 817, marron 433, noir 310.
Une pelote de laine en mohair bleu pour une couverture de 33 x 33 cm environ.
Aiguilles n° 4.

Réalisation

Le drap Repérer l'emplacement de la frise des canetons avec un fil de couleur, à 7 cm du bord. Broder au point de croix avec 2 brins de Mouliné sur 2 fils de trame. Pour le point de piqûre et le point de nœud, utiliser 1 brin. Centrer la frise en suivant les indications du diagramme. La broderie terminée, repasser soigneusement sur l'envers. Faire un ourlet de 3 cm environ du côté de la broderie, et de 1 cm sur les trois autres côtés.

La taie Repérer l'emplacement de la broderie dans l'angle supérieur droit. Broder au point de croix avec 2 brins de Mouliné sur 2 fils de trame. Pour les points de piqûre et de nœud, utiliser 1 brin. La broderie terminée, repasser soigneusement sur l'envers. Coudre, sur deux côtés des dos, le ruban à pressions. Fermer le dos par les pressions, le poser sur le devant, endroit contre endroit, piquer tout autour à 1 cm des bords. Retourner sur l'endroit, repasser puis placer à l'intérieur un petit coussin de 25 x 25 cm.

La couverture Monter 59 m. sur des aiguilles n° 4. Tricoter 10 rgs au point mousse. Continuer en tricotant 7 m. au point mousse au début et à la fin de chaque rang et les 45 m. centrales au point de jersey. Continuer droit sur 69 rgs. Au 70e rg, tricoter toutes les mailles à l'endroit et faire 8 rgs de point mousse. Fermer souplement au 9e rg. Repasser au fer doux.

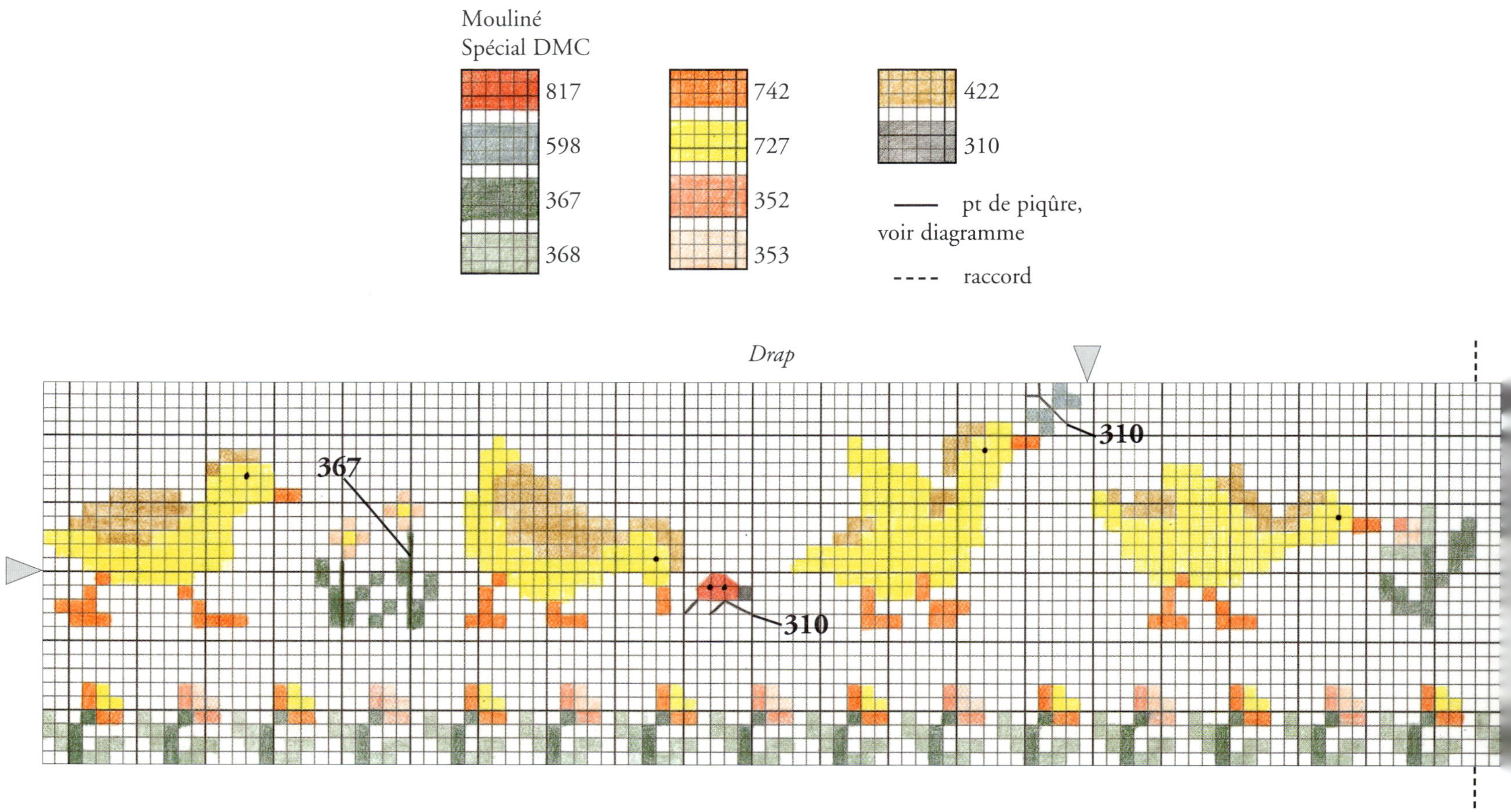

Taie

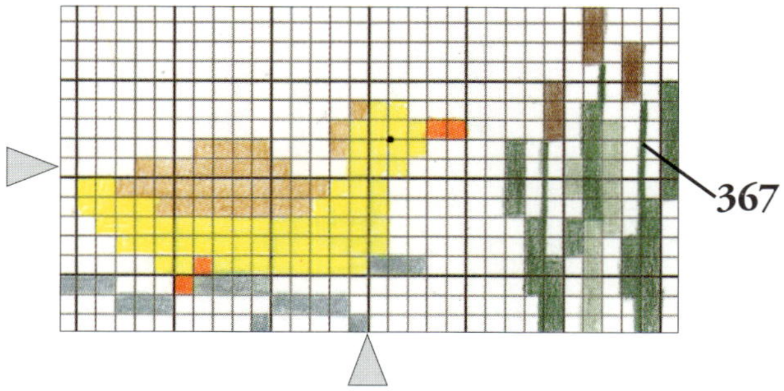

Mouliné
Spécial DMC

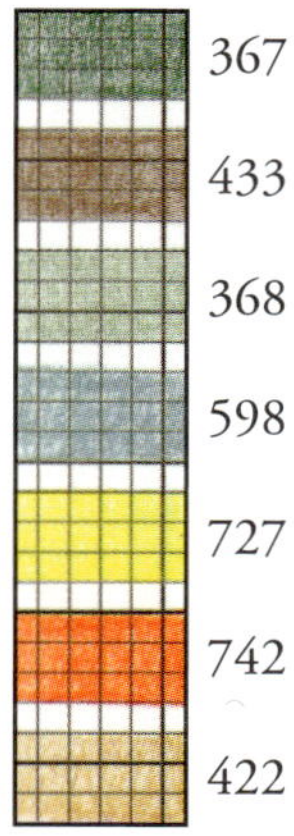

—— pt de piqûre, voir diagramme

Drap

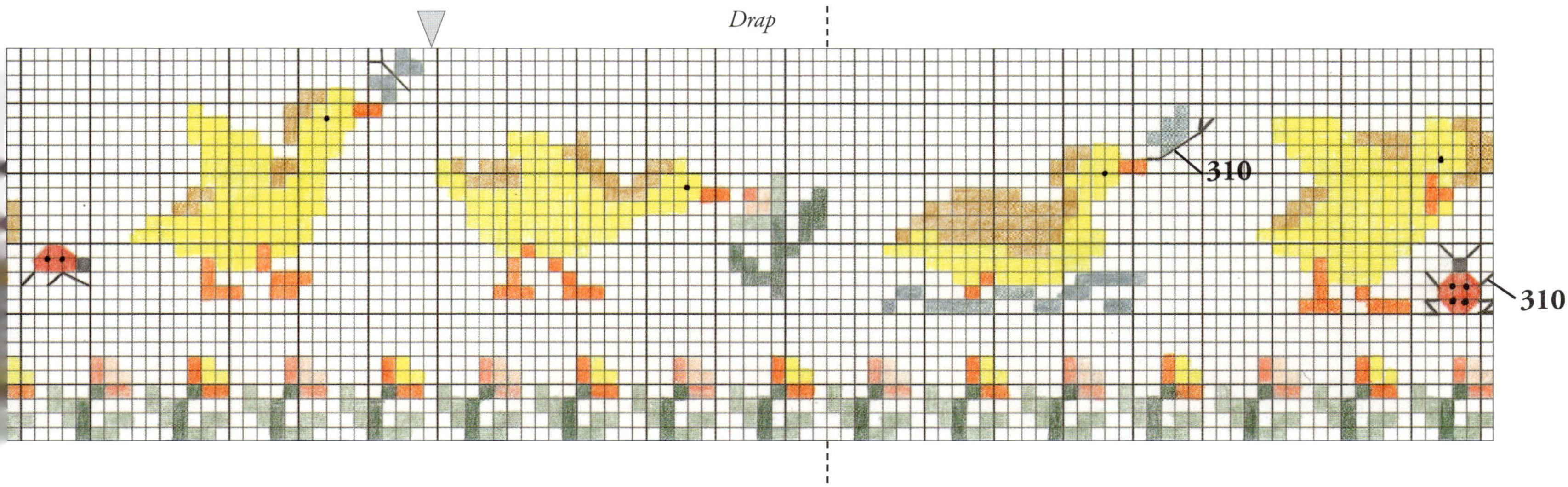

Tableau

La princesse au petit pois

Fournitures

Toile de lin blanc (12 fils au cm) : 42 x 42 cm (marges de 8 cm).
Une échevette de Mouliné Spécial DMC : bleu 334, vert 991, rose 326, 3770, 945, ocre 436, 738, jaune 3822, gris 415, 414, Blanc, écru, or.
Deux échevettes de Mouliné Spécial DMC : bleu 3325.

Réalisation

Surfiler les quatre côtés de la toile. Repérer le milieu en la pliant en quatre. Broder au point de croix avec 2 brins de Mouliné sur 2 fils de trame. Pour le point de piqûre, utiliser 1 brin. Le fil or s'utilise également en simple épaisseur et se brode, pour la robe de la princesse, à la fin. Centrer la broderie en suivant les indications du diagramme. La broderie terminée, repasser soigneusement sur l'envers. Sous les deux derniers points des cheveux, glisser trois fois 2 brins (de 12 cm de longueur) de Mouliné jaune 3822 (prendre 3 brins de 24 cm, les plier en deux) et faire une tresse. Nouer un petit brin de Mouliné entier, rose 326, pour attacher la natte.

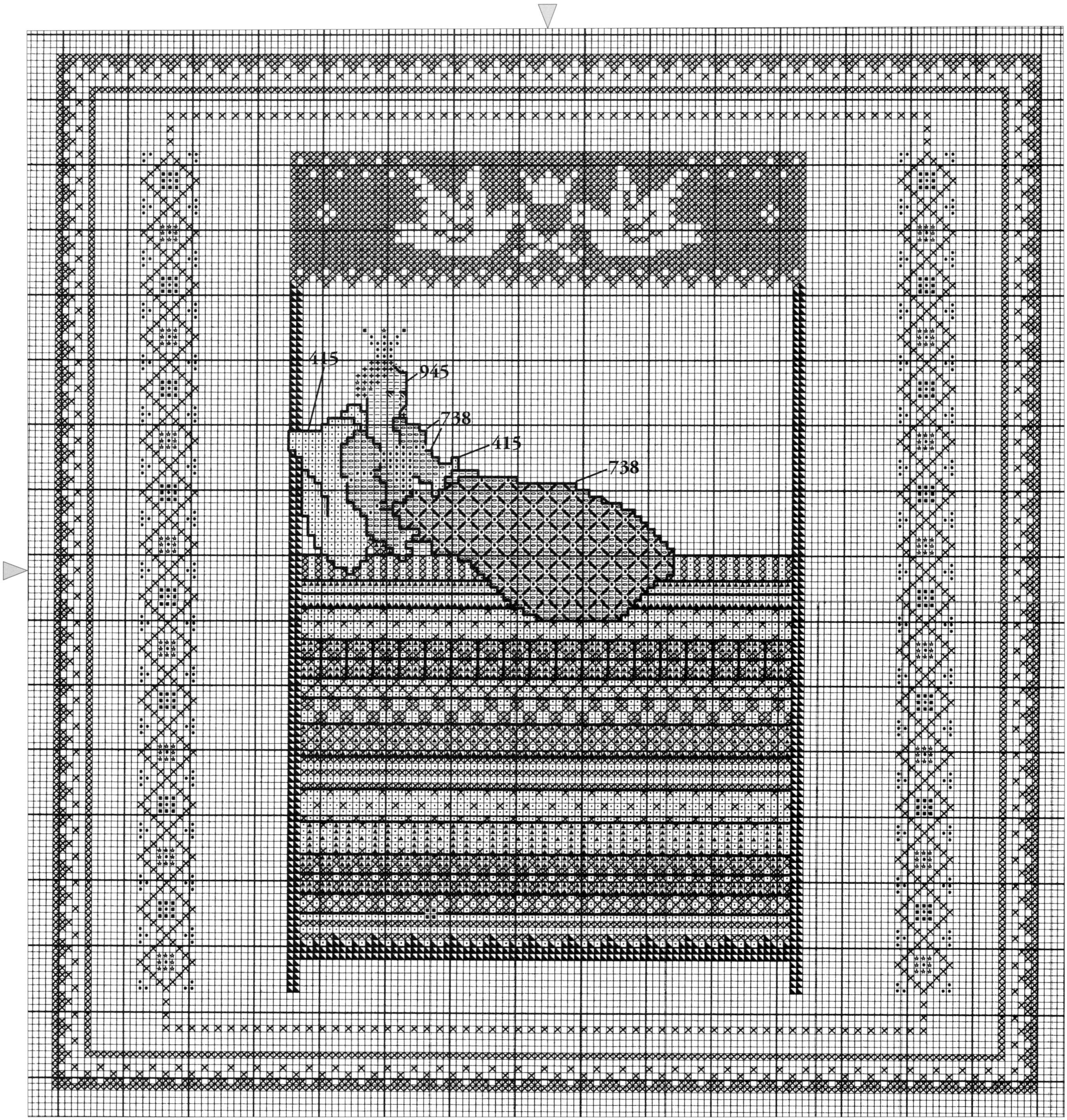
415
945
738
415
738

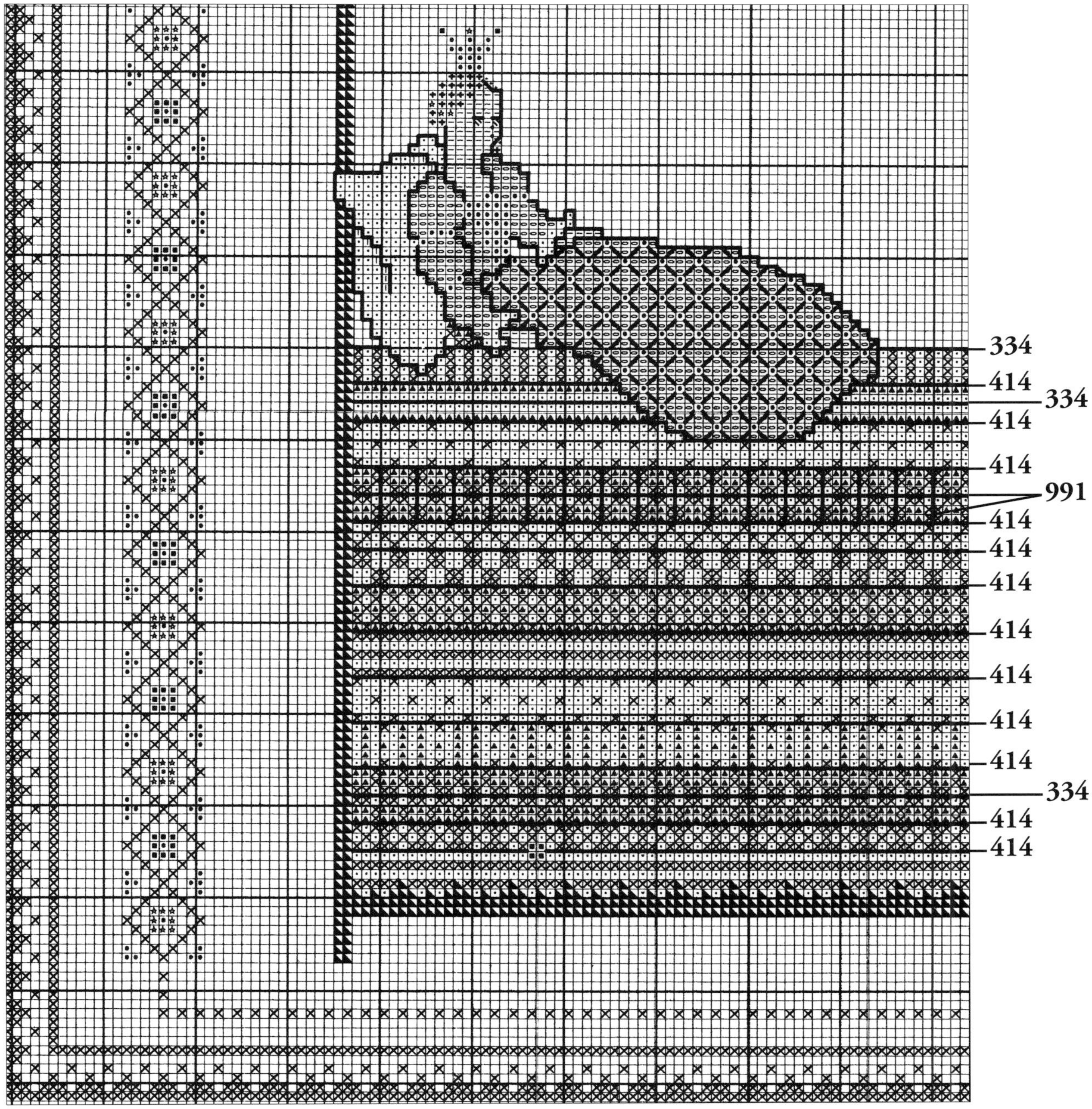

Mouliné
Spécial DMC

✕ 3325

ı 415

• Blanc

☆ 326

⟋ 945

■ 991

◣ 436

● or

▲ 334

– 3770

⊂ écru

+ 3822

—— pt de piqûre,
voir diagramme

Petits sacs de soirée

Au gui...

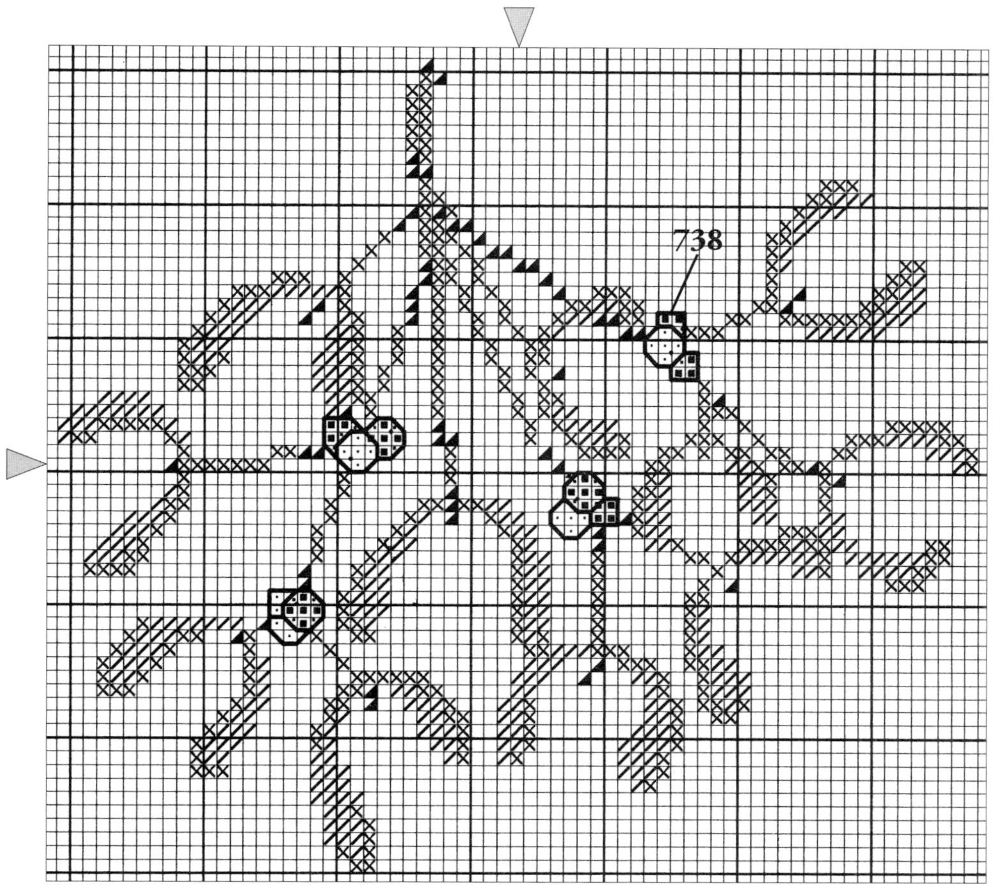

Mouliné Spécial DMC

✕ 501

◢ 500

■ écru

• Blanc

╱ 3816

— pt de piqûre, voir diagramme

Fournitures

Pour un sac
Toile de lin beige ou bleu (11 fils au cm) : 20 x 22 cm (coutures de 1 cm comprises).
Velours frappé blanc ou vert foncé : 20 x 24 cm (coutures de 1 cm comprises).
Cordonnet de soie écrue : deux fois 70 cm.
Une échevette de Mouliné Spécial DMC : vert 501, 500, 3816, beige 738, écru, Blanc.

Réalisation

Repérer l'emplacement de la broderie avec un fil de couleur, la feuille de gui la plus basse à 4 cm du bas. Centrer bien le motif selon le diagramme. Broder au point de croix avec 2 brins de Mouliné sur 2 fils de trame. Pour le point de piqûre, utiliser 1 brin. La broderie terminée, repasser soigneusement sur l'envers. Assembler, endroit contre endroit, les deux morceaux de lin, surfiler les coutures ensemble. Assembler de la même façon la doublure de velours, en laissant une ouverture dans le fond. Glisser le sac en lin dans le sac de velours, endroit contre endroit, piquer le haut tout autour. Retourner sur l'endroit, repasser, fermer l'ouverture du fond du sac. À 4,5 cm du haut, piquer deux coutures espacées de 1 cm. Ouvrir les deux coutures de côté sur ce centimètre, y glisser les liens. Un lien entre et sort par un côté, fait le tour du sac pour se nouer sur le côté.

Les vacances

726
741
433
3766
959
910
792
666
334
436

LA GIRAFE

Tableau

Un village africain

Quelle merveilleuse idée :
broder des souvenirs de vacances en Afrique !
Retrouver l'ambiance du village,
l'animation, les interminables palabres des hommes,
les femmes pilant le mil, les enfants excités
par l'arrivée des touristes…

Fournitures

Toile de lin écru (12 fils au cm) : 36 x 29 cm (marges de 8 cm).
Une échevette de Mouliné Spécial DMC :
bleu 334, 792, 3766,
vert 910, 959,
jaune 726, 3821,
orange, 741, rouge 666,
ocre 677, marron 436, 433,
gris 317, 318, Blanc.

Réalisation

Surfiler les quatre côtés de la toile. Repérer le milieu du tissu en le pliant en quatre. Centrer le motif en suivant les indications du diagramme. Broder au point de croix avec 2 brins de Mouliné sur 2 fils de trame. Pour le point de piqûre, utiliser 1 brin de Mouliné. La broderie terminée, repasser soigneusement sur l'envers.

318

Mouliné
Spécial DMC

666	
726	
433	
436	
910	
677	
317	
Blanc	
3821	
792	
3766	
959	
334	
741	

—— pt de piqûre, voir diagramme

---- raccord

Jean-François MARTIN
Marie AUBINAIS
La Jungle

Parure de lit

Scènes d'Afrique

À l'heure de la sieste…

Fournitures

Tissu de coton blanc : pour le drap, 124 x 184 cm ; pour le dessus de la taie, 63 x 43 cm ; pour le dessous, deux fois 47 x 43 cm ; pour la housse de couette, deux fois 83 x 153,5 cm. Les coutures sont comprises : 1,5 cm pour les coutures d'assemblage, 2 cm pour les ourlets. Tissu madras de coloris assortis à la broderie : pour la taie, deux bandes de 66 x 8,5 cm et deux bandes de 46 x 8,5 cm ; pour le drap, une bande de 83 x 8,5 cm. Tire-fil (6 croix au cm) : 20 x 10 cm pour la taie ; 16 x 65 cm pour le drap ; pour la housse, plusieurs petits morceaux de tire-fil, plus gros (4 croix au cm), d'environ 8 x 6 cm selon le motif choisi. Croquet orange : 124 cm pour le drap, 147 cm pour la taie, 320 cm pour la housse. Une échevette de Mouliné Spécial DMC : Pour le drap et la taie jaune 726, 3821, rouge 666, vert 910, 959, bleu 3766, 792, marron 433, 436, ocre 677, gris 317, 318. Pour la housse, ajouter le jaune 725, l'orange 740 et le vert 958.

Réalisation

Le drap Plier le drap en deux dans le sens de la longueur et marquer le milieu avec un fil de couleur. Faire de même avec le tire-fil. Poser le tire-fil sur le drap à 7,5 cm du bord et en superposant les repères, le coudre à petits points. Broder au point de croix avec 2 brins de Mouliné sur 2 fils de trame en prenant les deux épaisseurs ensemble et en utilisant une aiguille à bout pointu. Centrer le motif à 9,5 cm du bord en suivant les indications du diagramme. La broderie terminée, ôter le tire-fil avec une pince à épiler. Repasser soigneusement sur l'envers. Au fer à repasser, faire un rentré de 1 cm le long (83 cm) de la bande de tissu madras, puis bâtir à grands points le croquet en n'en laissant dépasser que la moitié. Poser la bande de tissu à carreaux sur le drap, endroit de la bande sur envers du drap. Piquer à 1,5 cm du bord. Retourner sur l'endroit pour former le revers, écraser la couture au fer, bâtir puis piquer au ras du tissu et du croquet (fig. 1). Faire un ourlet de 1 cm sur les trois autres côtés. Repasser soigneusement le drap terminé.

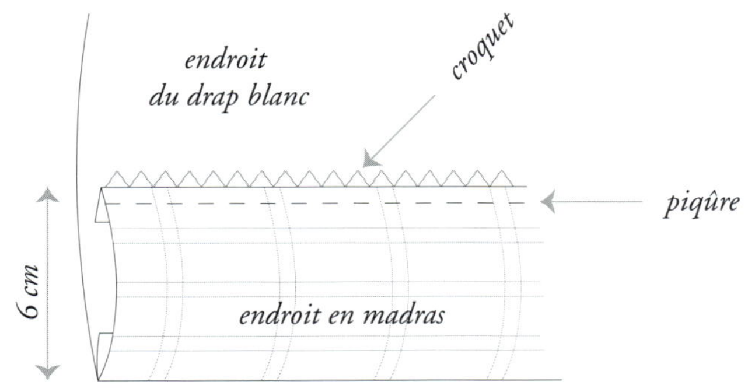

fig. 1

La taie Repérer l'emplacement de la broderie avec un fil de couleur en s'aidant de la figure 2.

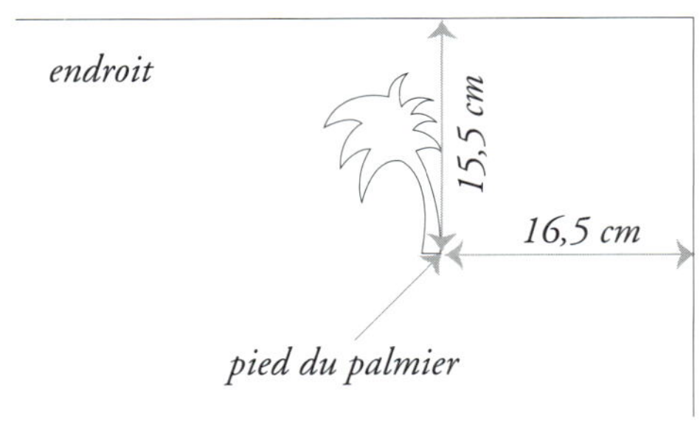

fig. 2

Coudre le tire-fil à petits points, bien à plat. Broder au point de croix avec 2 brins de Mouliné sur 2 fils du tire-fil en utilisant une aiguille à bout pointu et en prenant les deux épaisseurs ensemble. La broderie

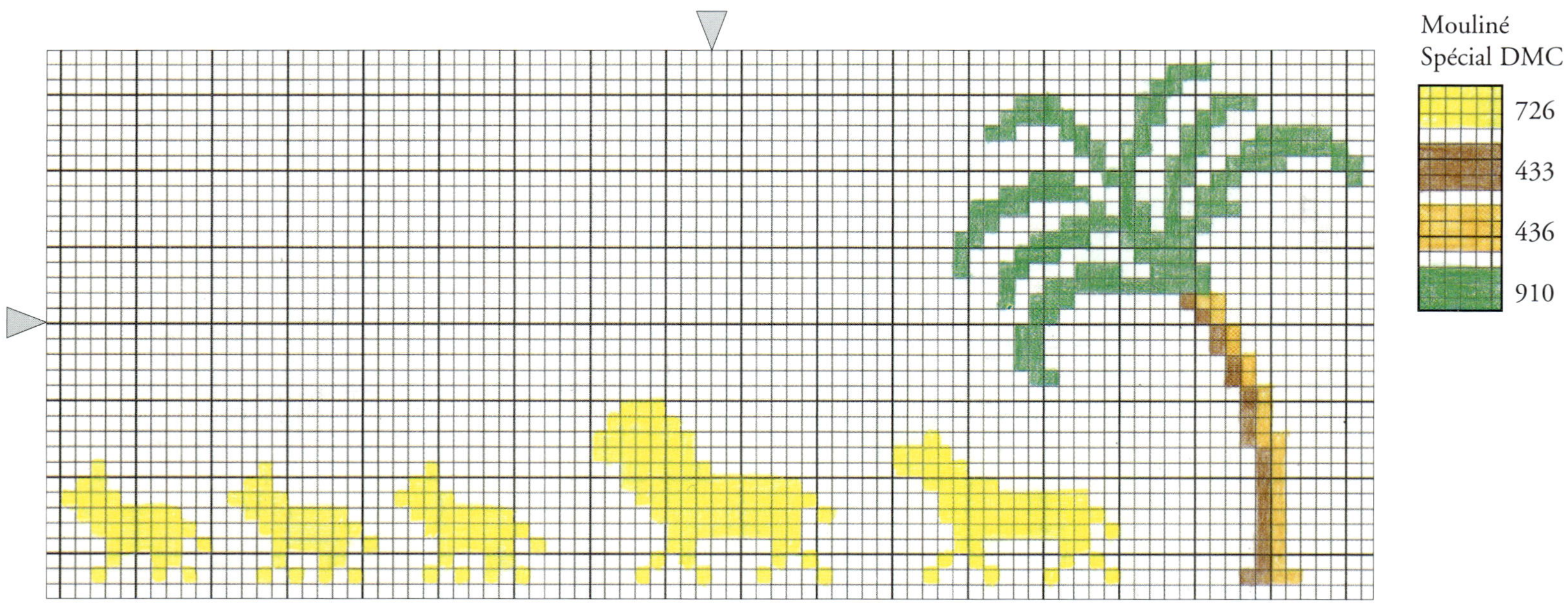

Taie

terminée, ôter le tire-fil, repasser soigneusement sur l'envers. Sur un des petits côtés des deux rectangles de coton blanc, faire un rentré de 1 cm puis de 10 cm, repasser, piquer. Avec les quatre bandes de tissu madras, former un cadre de 63 x 43 cm (dimensions extérieures), faire des coutures en angle (fig. 3).

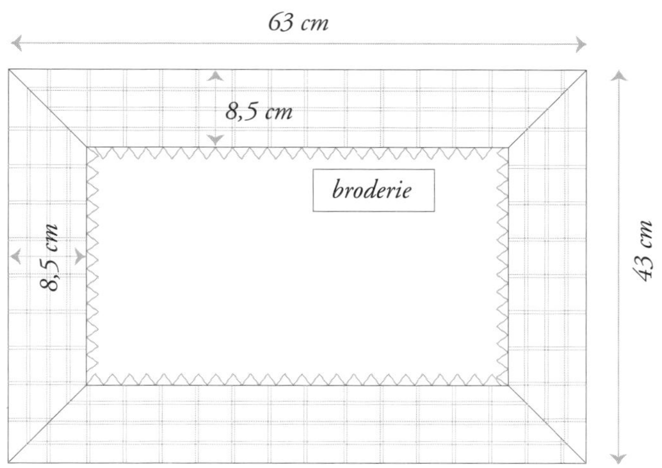

fig. 3

Bâtir le croquet sur le bord interne du cadre, le poser sur le tissu brodé. Bâtir soigneusement et piquer au ras du bord interne. Poser les deux morceaux du dos, en les superposant au milieu, sur le devant, endroit contre endroit, piquer tout autour à 1,5 cm des bords. Surfiler les coutures ensemble. Retourner sur l'endroit, repasser puis placer l'oreiller à l'intérieur.

La housse Faire des photocopies des personnages africains donnés avec la robe page 137. Les découper grossièrement puis les placer sur le dessus de la housse en les disposant le plus harmonieusement possible. Aux emplacements choisis, coudre les petits morceaux de tire-fil puis broder au point de croix avec 3 brins de Mouliné sur 2 fils de trame, et une aiguille pointue, en prenant les deux épaisseurs ensemble. Suivre les indications du diagramme. Les broderies terminées, ôter le tire-fil et repasser soigneusement sur l'envers. Bâtir le croquet autour du dessus puis placer les deux morceaux de tissu l'un sur l'autre, endroit contre endroit. Tracer, dans le bas de la housse, la découpe du rabat pour border. Couper l'excédent, bâtir et piquer les côtés et le haut en laissant le bas ouvert. Faire des coutures de 1,5 cm (fig. 4). Surfiler les côtés puis retourner et faire un ourlet de 1 cm autour de l'ouverture.

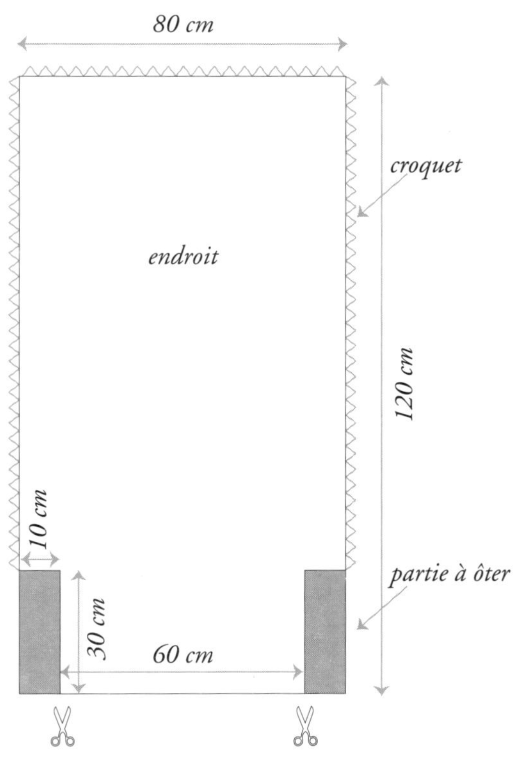

fig. 4

Drap

Mouliné
Spécial DMC

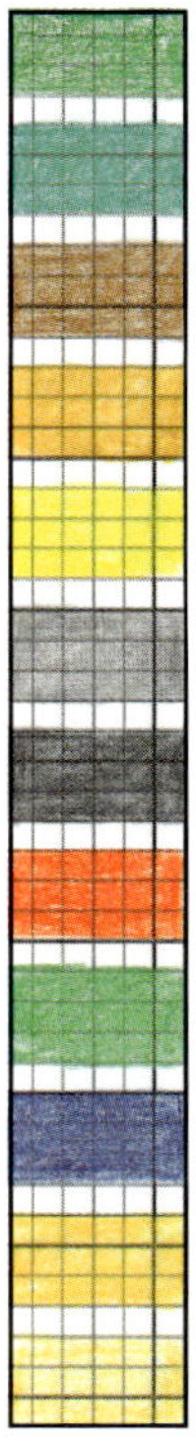

910
3766
433
436
726
318
317
666
959
792
677
3821

— pt de piqûre, voir diagramme

---- raccord

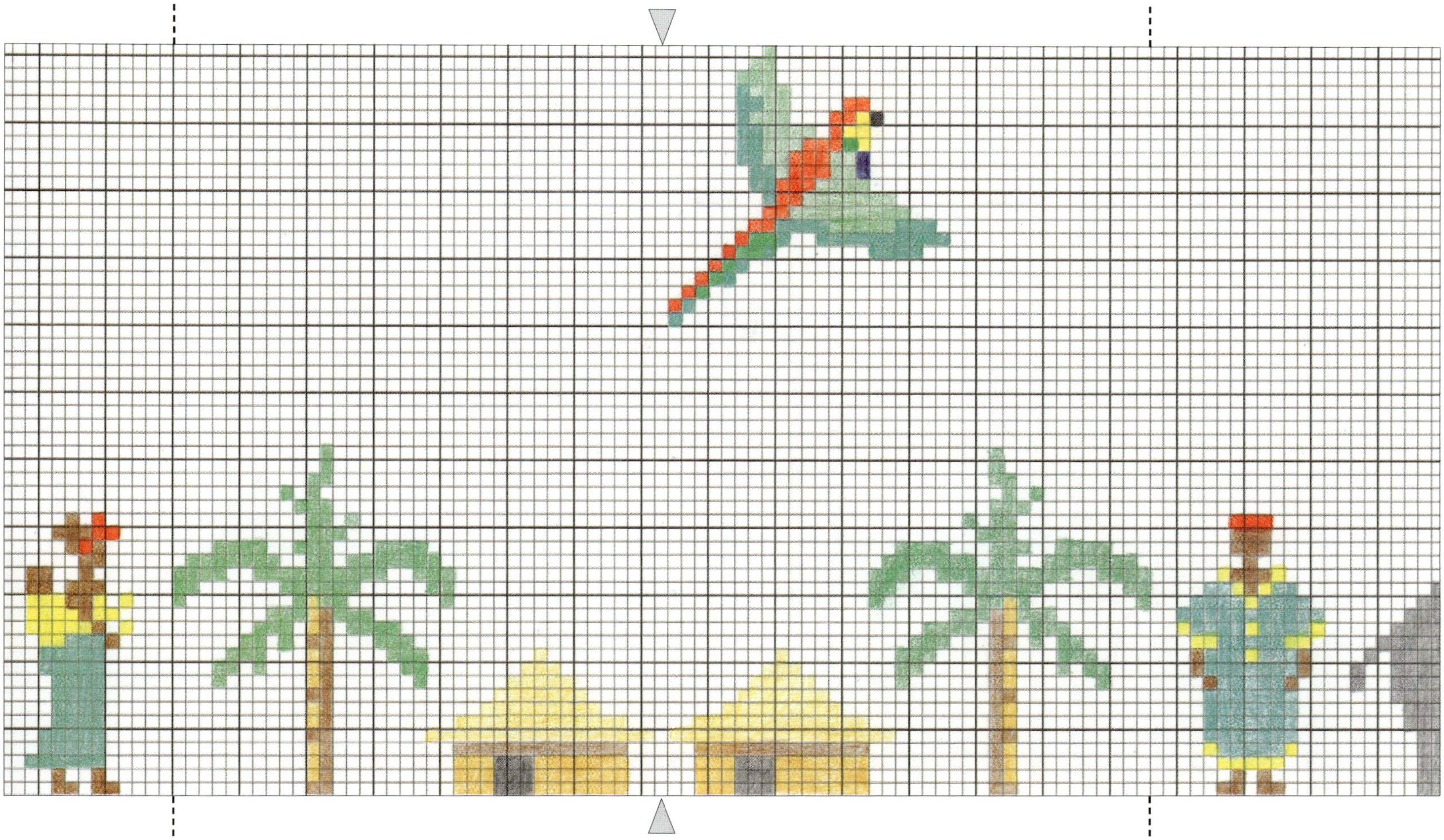

Robe blanche

La ronde africaine

Tous les habitants du village se retrouvent en une farandole colorée sur l'ourlet d'une légère robe blanche.

Fournitures

Une robe tablier blanche en coton.
Tire-fil (6 croix au cm) : une bande de 7 cm de largeur et de la longueur nécessaire pour faire le tour de la robe plus un morceau de 15 x 7 cm pour le devant.
Une échevette de Mouliné Spécial DMC :
vert 910, 959, 958,
bleu 792, 3766,
rouge 666,
jaune 725, 3821,
orange 740,
marron 433, 436,
gris 317.

Réalisation

Coudre la bande de tire-fil sur la robe en veillant à rester bien parallèle à l'ourlet et à broder les pieds des personnages à environ 2 cm du bord. Repérer l'emplacement du motif au milieu du corsage devant, coudre le tire-fil à petits points. Broder au point de croix avec 2 brins de Mouliné sur 2 fils de trame en prenant les deux épaisseurs ensemble. Utiliser une aiguille à bout pointu. Suivre les indications du diagramme. La broderie terminée, ôter le tire-fil puis repasser soigneusement sur l'envers.

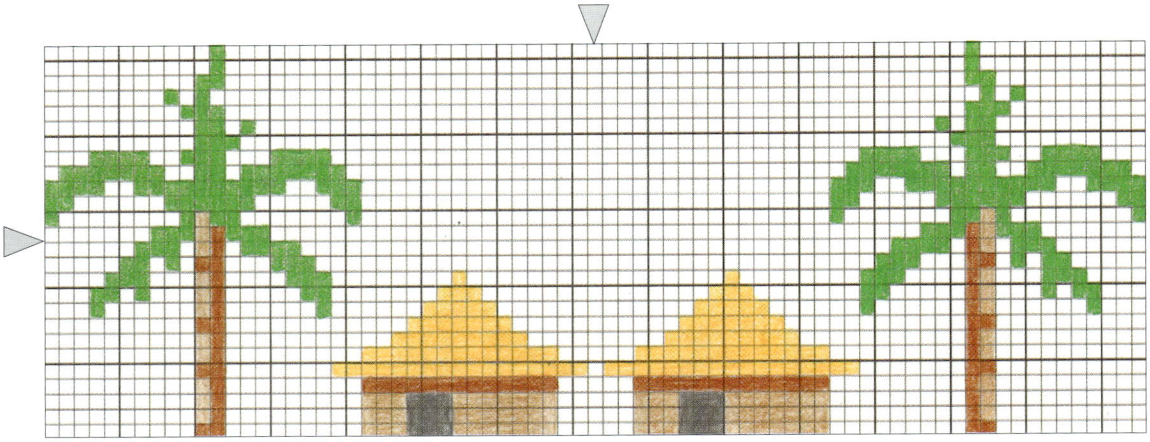

Mouliné
Spécial DMC

910	
3821	
436	
433	
317	

Mouliné
Spécial DMC

- 3766
- 959
- 958
- 910
- 792
- 725
- 740
- 666
- 436
- 433

---- raccord

TRANSPORT
DAKAR

Mouliné
Spécial DMC

	433
	436
	910
	666
	3766
	677
	792
	334
	741
	726
	959

—— pt de piqûre, voir diagramme

Tee-shirt

Les musiciens

Fournitures

Un tee-shirt blanc.
Viseline thermocollante fine : 20 x 20 cm environ.
Tire-fil (5 croix au cm) : 20 x 20 cm.
Une échevette de Mouliné Spécial DMC : bleu 334, 792, 3766, vert 910, 959, jaune 726, rouge 666, ocre 677, marron 433, 436, orange 741.

Réalisation

Choisir l'emplacement de la broderie sur le tee-shirt, coller, sur l'envers, au fer à repasser la viseline. Coudre le tire-fil sur l'endroit, bien à plat et à petits points. Broder au point de croix avec 2 brins de Mouliné sur 2 fils de trame en prenant ensemble le tire-fil, le tee-shirt et la viseline. Pour le point de piqûre, utiliser 1 brin. Si possible, broder avec un tambour en essayant de ne pas trop le déplacer en cours d'ouvrage. Suivre les indications du diagramme. La broderie terminée, ôter le tire-fil et repasser soigneusement.

L'ARCHE DE NOÉ
Dialo
Père Castor Flammarion

Panier à jouets

Les animaux de la savane

À la queue leu leu, les éléphants se dirigent vers un marigot pour s'y rafraîchir, les zèbres se déplacent en troupeau, le roi lion accablé par la chaleur choisit l'ombre des acacias.

Fournitures

Galon de lin blanc à jours, de 8,5 cm de largeur. Calculer la longueur en mesurant le tour du panier à garnir. Ruban natté de paille ou fil de raphia de la longueur du galon plus 50 cm environ. Une échevette de Mouliné Spécial DMC : jaune 726, ocre 677, marron 433, 436, gris 317, 318, vert 910, Blanc.

Réalisation

Broder la frise, sur toute la longueur nécessaire, au point de croix avec 2 brins de Mouliné sur 2 fils de trame. Pour le point de piqûre, utiliser 1 brin. Suivre les indications du diagramme. La broderie terminée, repasser soigneusement sur l'envers. Faire un petit ourlet aux deux extrémités du galon. Avec le ruban de paille, ou le raphia, fixer le galon sur le panier en passant alternativement dans un jour du galon puis derrière un brin d'osier du panier. Terminer par un nœud.

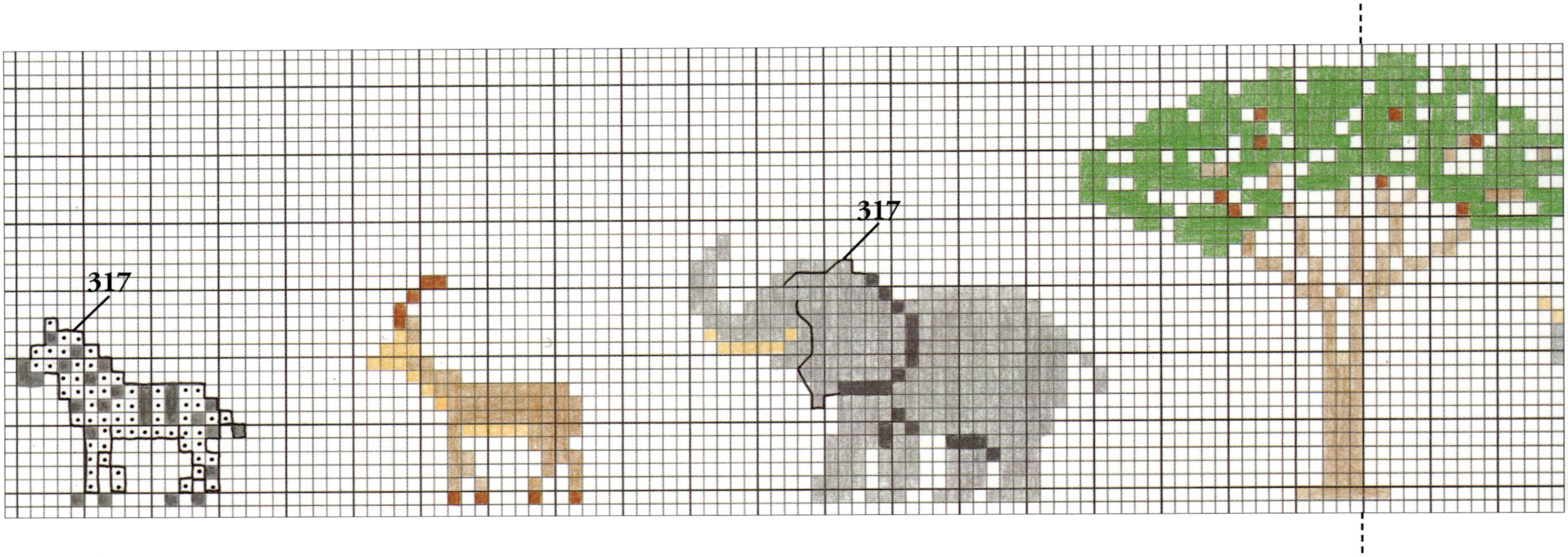

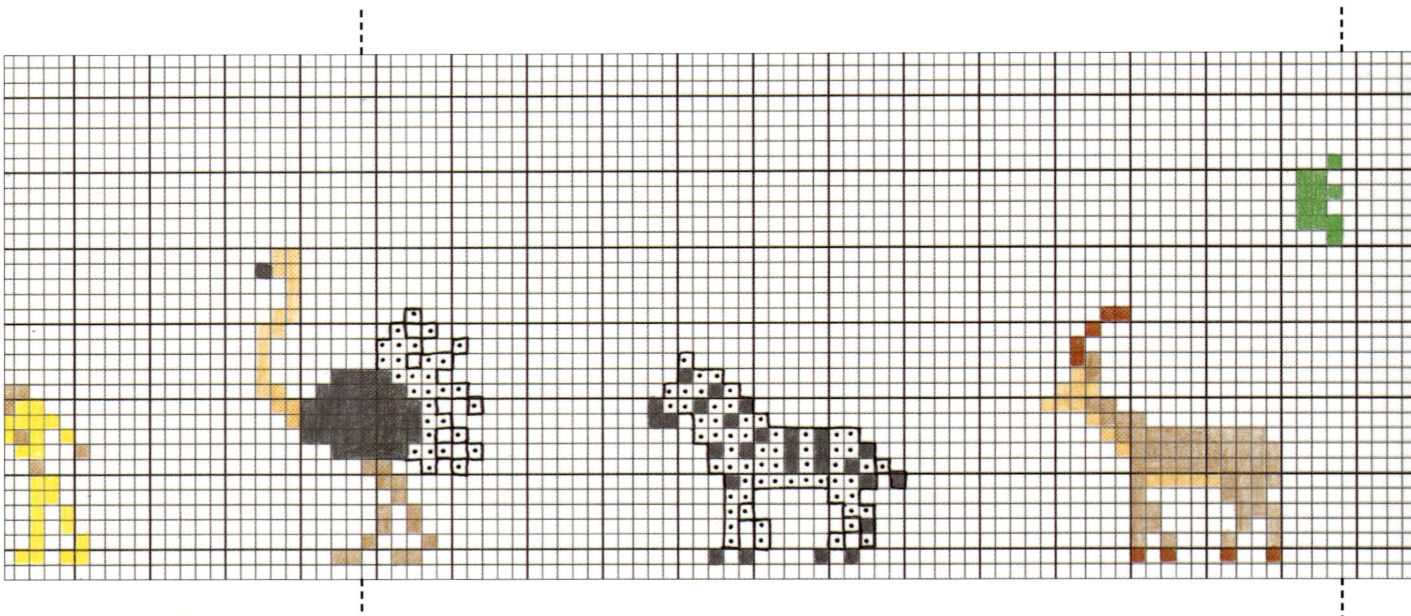

Mouliné
Spécial DMC

- 677
- 436
- 433
- 726
- 910
- 317
- 318
- Blanc

—— pt de piqûre, voir diagramme

---- raccord

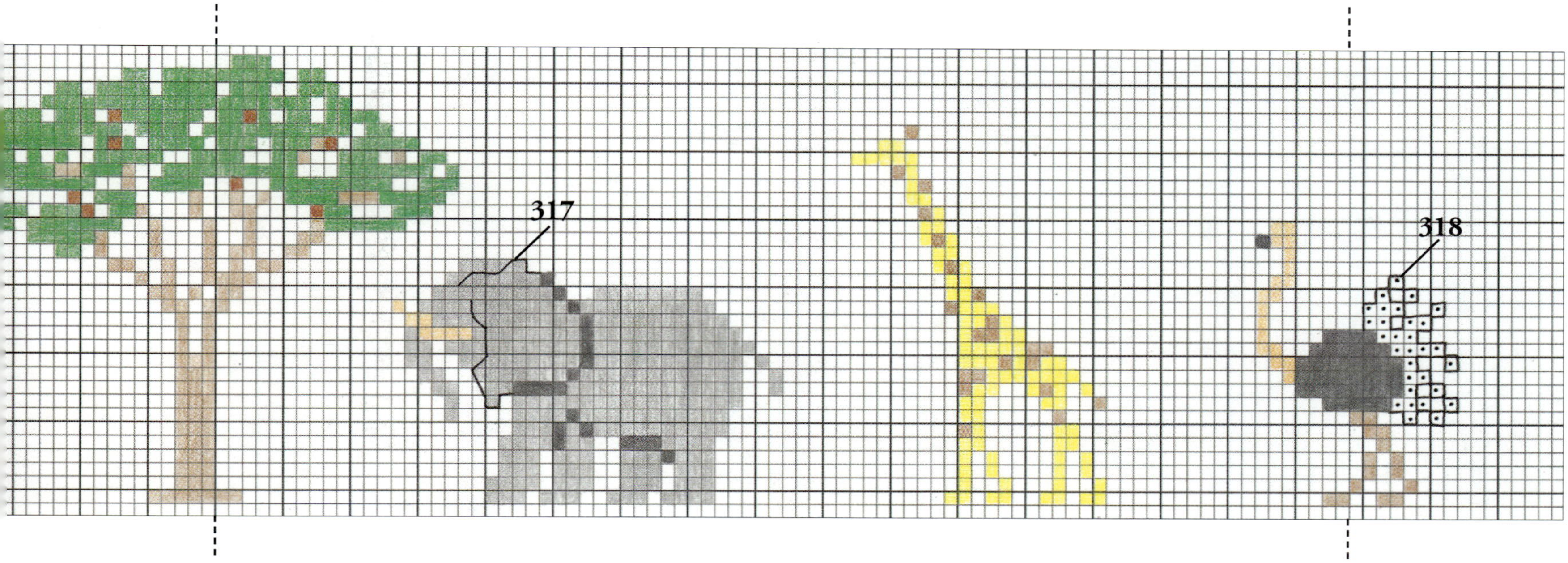
317
318

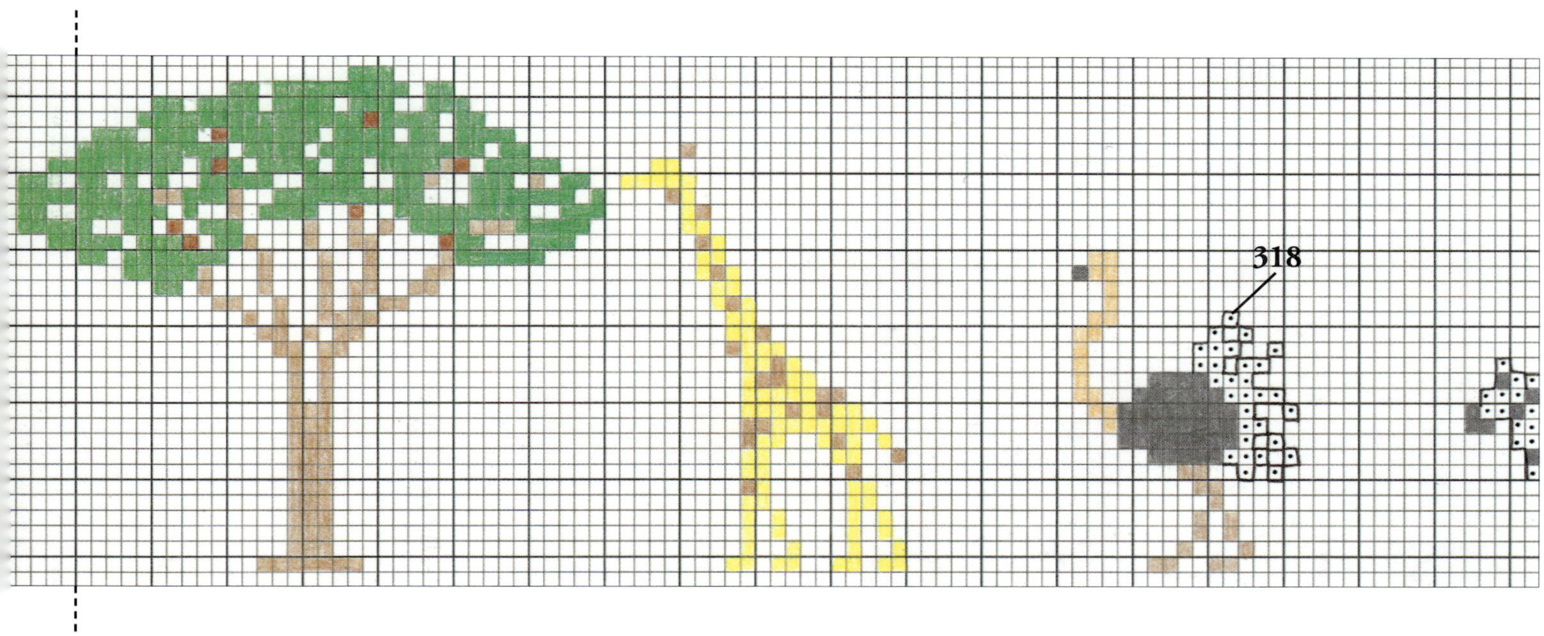
318

ABCDEFG
HIJKLMN
OPQRSTU
VWXYZ

Abécédaire

Les Africains

L'alphabet, lui aussi,
se pare des couleurs chaudes de l'Afrique.
Chaque lettre utilisée en monogramme
donnera de l'éclat à une serviette
ou un peignoir de bain.

Fournitures

Toile de lin écru (12 fils au cm) : 48 x 42 cm (marges de 8 cm).
Une échevette de Mouliné Spécial DMC : bleu 792, 334, marron 436, ocre 677.
Deux échevettes de Mouliné Spécial DMC : vert 910, 959, bleu 3766, rouge 666, jaune 726, orange 741, marron 433.

Réalisation

Surfiler les quatre côtés de la toile. Repérer le milieu en la pliant en quatre. Broder au point de croix avec 2 brins de Mouliné sur 2 fils de trame. Pour le point de piqûre, utiliser 1 brin. Centrer le motif en utilisant les repères portés sur le diagramme. La broderie terminée, repasser soigneusement sur l'envers.

Mouliné
Spécial DMC

726
741
433
3766
959
910
792
666
334
436
677

pt de piqûre, voir diagramme

---- raccord

Mouliné
Spécial DMC

726
741
433
3766
959
910
792
666
334
436
677

—— pt de piqûre, voir diagramme

---- raccord

Même l'autruche au long cou
et au regard perçant
ne peut voir plus loin que
le bout de son nez.
Proverbe Massai.
La girafe est sage,
elle voit loin
et ne fait pas de bruit.
Proverbe Massai

Petits tableaux

Proverbes Massaï

Quelle grande sagesse,
et que dire de plus
qu'ils ne disent eux-mêmes ?

Fournitures

Toile de lin écru (12 fils au cm) : 42 x 32 cm pour l'autruche ; 42 x 34 cm pour la girafe ; (marges de 8 cm).
Une échevette de Mouliné Spécial DMC : gris 318, 413, Blanc, ocre 676, 729, 780, 782, bleu 931, bronze 3052.
Deux échevettes de Mouliné Spécial DMC : jaune 3820, rouge 355.

Réalisation

Surfiler les quatre côtés de la toile. Repérer le milieu en la pliant en quatre. Broder au point de croix avec 2 brins de Mouliné sur 2 fils de trame. Pour le point de piqûre, utiliser 1 brin. Suivre les indications du diagramme, en particulier les repères afin de bien centrer le motif. La broderie terminée, repasser très soigneusement sur l'envers.

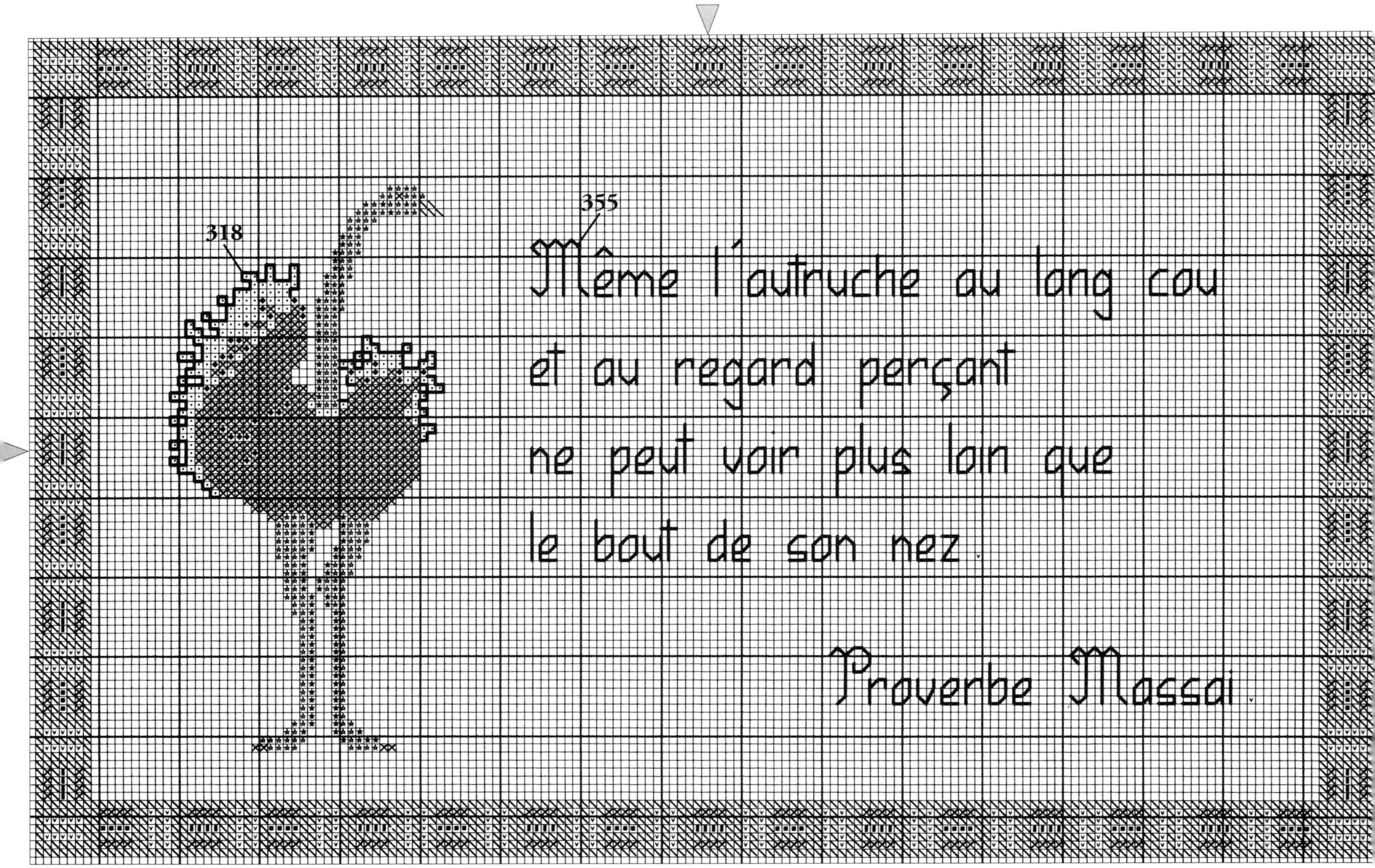

Mouliné Spécial DMC

◆ 318	■ 3052
• Blanc	▮ 931
✕ 413	☆ 676
╲ 3820	★ 729
v 355	+ 780
	• 782

—— pt de piqûre, voir diagramme

355
La girafe est sage,
elle voit loin
et ne fait pas de bruit.
Proverbe Massai.

ABCDE
FGHIJK
LMNOP
QRSTU
VWXYZ

Abécédaire

La montagne en été

Paradis des petits et des grands,
entre lacs et montagnes, au pied des volcans,
chacun retrouve le plaisir simple
des grandes balades dans les sous-bois parfumés
ou les alpages ensoleillés.

Fournitures

Toile de lin blanc (12 fils au cm) : 52 x 49,5 cm (marges de 8 cm).
Une échevette de Mouliné Spécial DMC :
vert 563, 562, 3348, 3818,
rose 3326, 335,
violet 208, 210,
jaune 725, 727,
orange 742, 740, rouge 817,
gris 762, 413, 452, 317, 318, 648, 646,
beige 3046, 3045,
marron 434, 300, 436, 738, 898, Blanc.
Trois échevettes de Mouliné Spécial DMC :
bleu 809.

Réalisation

Surfiler les quatre côtés de la toile. Repérer le milieu en la pliant en quatre. Broder au point de croix avec 2 brins de Mouliné sur 2 fils de trame. Pour le point de piqûre, utiliser 1 brin. Centrer la broderie en suivant bien les indications du diagramme. La broderie terminée, repasser soigneusement sur l'envers.

318
413
898
413
413
740
318
898
413
413
646
434
898
434

Mouliné
Spécial DMC

- ı 762
- · Blanc
- ⑊ 3326
- ✕ 809
- ▬ 725
- 563
- 562
- : 727
- ◂ 208
- ʌ 210
- – 3348
- + 335
- ◣ 413
- ▪ 742
- ◘ 740
- □ 434
- ıı 452
- ♥ 817
- ★ 300
- • 436
- ⬬ 317
- = 3818
- ⁄ 738
- ♦ 648
- ◙ 646
- ☆ 3046
- 3045

—— pt de piqûre, voir diagramme

---- raccord

413
3348
318

Mouliné
Spécial DMC

- 762
- Blanc
- 3326
- 809
- 725
- 563
- 562
- 727
- 208
- 210
- 3348
- 335
- 413
- 742
- 740
- 434
- 452
- 817
- 300
- 436
- 317
- 3818
- 738
- 648
- 646
- 3046
- 3045

pt de piqûre, voir diagramme

raccord

Robe

Une broche de fleurs

Fournitures

Une robe ou une salopette.
Tire-fil (6 croix au cm) : 16 x 8 cm.
Ruban vichy dans un coloris assorti : 20 cm.
Un grelot doré.
Une échevette de Mouliné Spécial DMC : bleu 826, 827, vert 772, 3348, 3347, 3346, 562, 563, jaune 727, 725, gris 762, rose 3326, 3722, Blanc.

Une jolie façon d'égayer une petite robe.

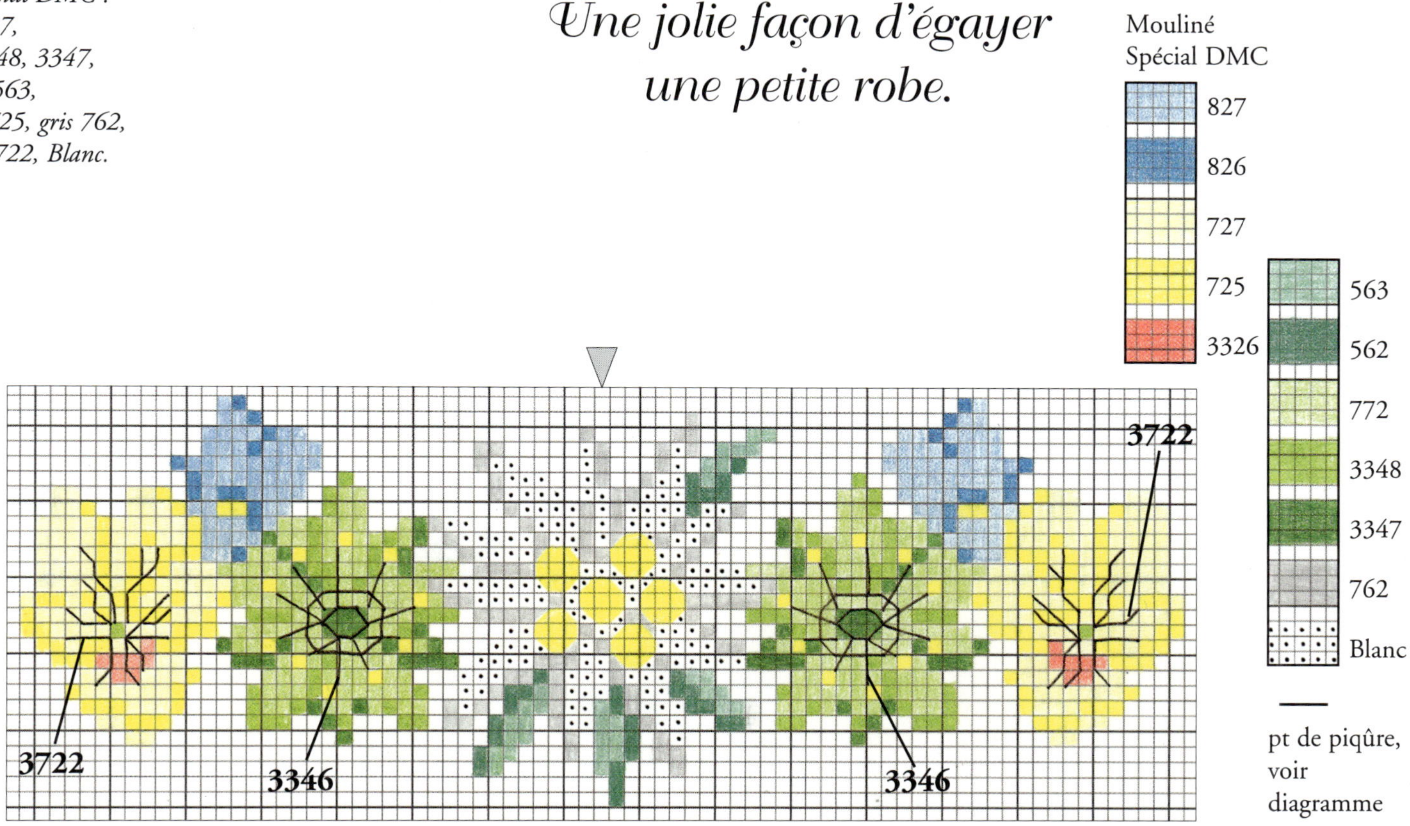

Réalisation

Repérer l'emplacement de la broderie avec un fil de couleur. Coudre soigneusement le tire-fil à petits points, bien à plat. Broder avec une aiguille pointue, en prenant les deux épaisseurs ensemble. Pour le point de croix, utiliser 2 brins de Mouliné sur 2 fils de trame du tire-fil. Pour le point de piqûre, ne prendre qu'un seul brin. Centrer le motif selon le diagramme. La broderie terminée, ôter le tire-fil, repasser soigneusement sur l'envers. Coudre un petit nœud de ruban vichy au-dessus de la broderie et, au-dessous, un grelot doré.

Fleurs de montagne
Fleurs de montagne
PRIMULA

Chemise

Fleurs de montagne

Fil Fleur
DMC

× écru
ou 2842

■ 2800
ou 2842

Fournitures

Chemise en jersey de coton bleu ciel ou écru.
Tire-fil (5 croix au cm) : 20 x 15 cm.
Toile thermocollante fine : 20 x 15 cm.
Une échevette de Fil Fleur DMC : bleu 2800, beige 2842, écru.

Réalisation

Repérer l'emplacement de la broderie en veillant à bien centrer le motif. Fixer la toile thermocollante sur l'envers puis, sur l'endroit, fixer à petits points le tire-fil. Broder au point de croix, avec une aiguille pointue, en prenant les trois épaisseurs ensemble. Pour le point de croix et le point de piqûre, utiliser le brin du Fil Fleur. Suivre les indications du diagramme. La broderie terminée, ôter le tire-fil avec précaution puis repasser.

Sac à dos

Les bouquetins

Dressée sur sa roche, la chèvre des montagnes observe les enfants au bord du torrent.

Fournitures

Toile de lin bis (12 fils au cm) : 50 x 90 cm.
Toile de lin ou de coton écru pour la doublure : 50 x 90 cm.
Un bouton assorti.
Élastique souple : 0,7 x 26 cm.
Une échevette de Mouliné Spécial DMC : gris 762, 648, 645, 413, jaune 726, marron 435, 437, 300, rouge 817, vert 3348, 909, 563, 562, Blanc.

Réalisation

Tracer au crayon à patron le contour des pièces sur le lin à broder. Ajouter 1 cm pour les coutures autour de chaque pièce. Repérer l'emplacement des motifs : l'edelweiss sur le rabat, au milieu et à environ 5 cm du bas, les bouquetins et la frise de fleurs, au milieu et à environ 5 cm du bas du sac. Broder au point de croix avec 2 brins de Mouliné sur 2 fils de trame. Pour le point de piqûre et le point de nœud, utiliser 1 brin. Suivre les indications du diagramme. La broderie terminée, repasser soigneusement sur l'envers. Couper les pièces dans la toile de lin à broder et dans la doublure. Faire les bretelles : former un rentré de 1 cm de chaque côté, plier en deux et piquer au bord. On obtient deux bretelles (5) de 60 cm de longueur sur 2 cm de largeur, deux boucles d'attache (6) de 14 x 2 cm. Faire un petit lien de 1 cm de largeur sur 6 cm de longueur dans le lin bis, pour former la patte de boutonnage. Plier ce lien en deux, le placer au milieu de l'arrondi du rabat (fig. 1) puis poser la doublure par-dessus, endroit contre endroit et piquer la partie arrondie en laissant ouvert le haut. Cranter puis retourner sur l'endroit, repasser en écrasant les coutures. Marquer au fer à repasser un rentré de 1 cm sur les deux côtés de la longueur de la bande du dos. Sur le dos du sac (1), en haut, bien centré, superposer le rabat (2) la doublure sur l'endroit du dos, puis les bretelles (5), et enfin la bande de maintien (3). Piquer au ras des bords (fig. 1). Épingler les boucles d'attache (6) au bas du dos (1). Bâtir le soufflet (4) tout autour du devant puis du dos, endroit contre endroit, piquer et retourner. Avec la doublure, assembler le dos, le devant et le soufflet de la doublure en laissant une ouverture dans le fond, afin de pouvoir retourner le sac. Glisser les deux parties l'une dans l'autre – le rabat, les bretelles, les boucles d'attache se trouvent pris entre les deux épaisseurs – et piquer tout autour. Retourner sur l'endroit (en utilisant l'ouverture du fond de la doublure). Repasser soigneusement. Faire une coulisse en haut du sac, d'environ 1 cm de largeur, et une petite ouverture dans la couture de côté. Glisser dans la coulisse un élastique souple de 26 cm. Coudre le bouton et nouer les bretelles dans les boucles.

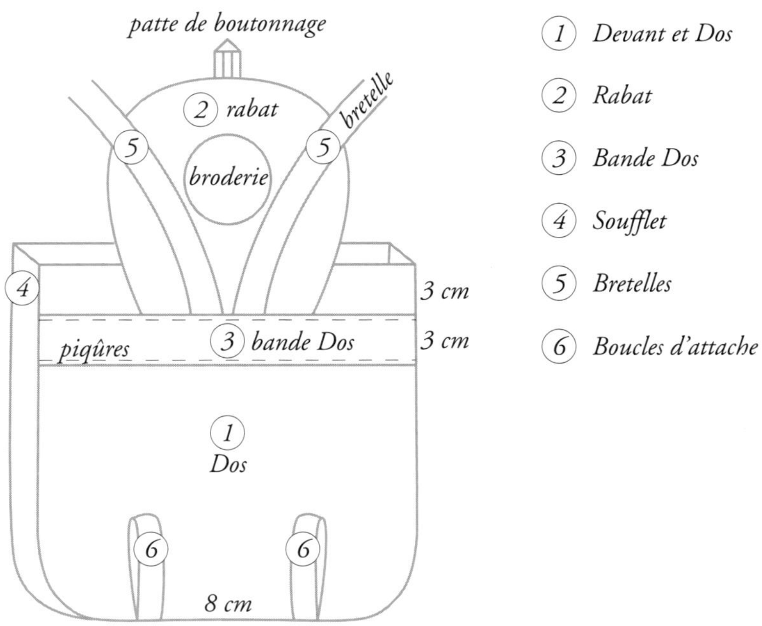

fig. 1

Les patrons du sac à dos pages 169 et 170 sont grandeur réelle.

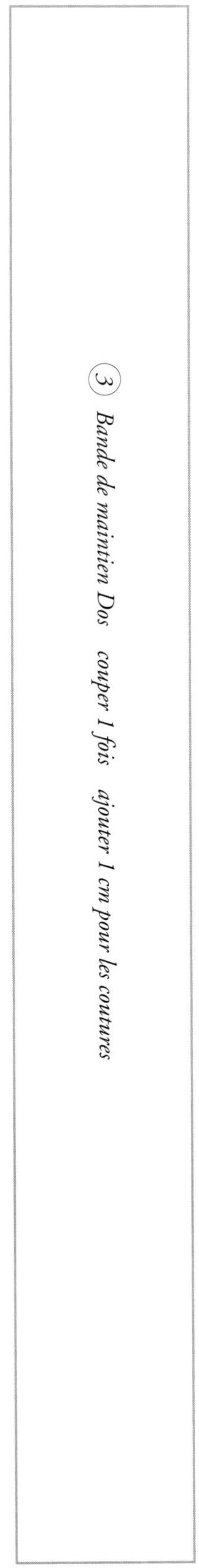

1 fois pièce (4) soufflet de 66 x 9 cm
2 fois pièce (5) bretelles de 62 x 6 cm
2 fois pièce (6) boucles d'attache de 16 x 6 cm
} *coutures comprises*

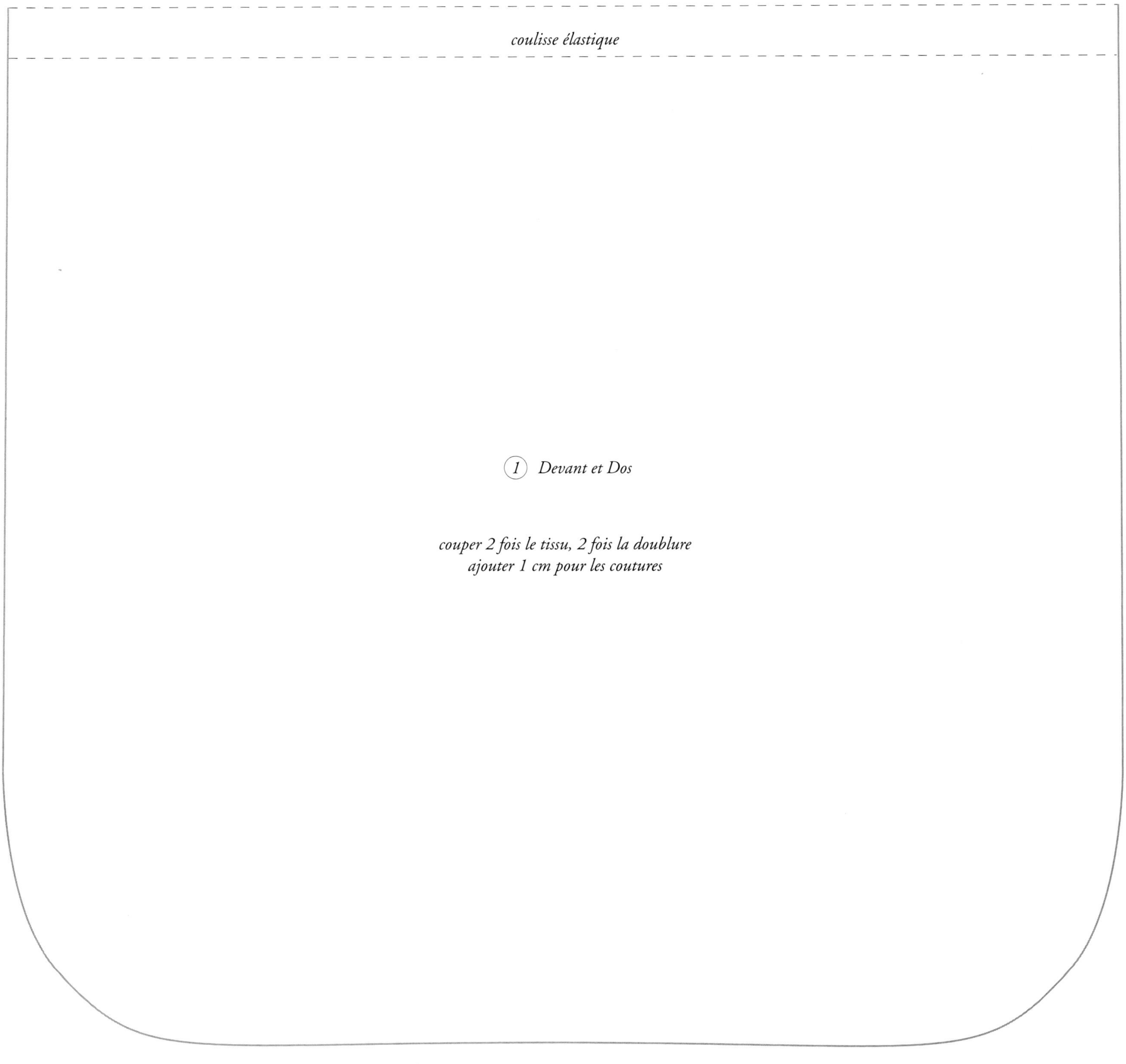
coulisse élastique
1 Devant et Dos
couper 2 fois le tissu, 2 fois la doublure
ajouter 1 cm pour les coutures

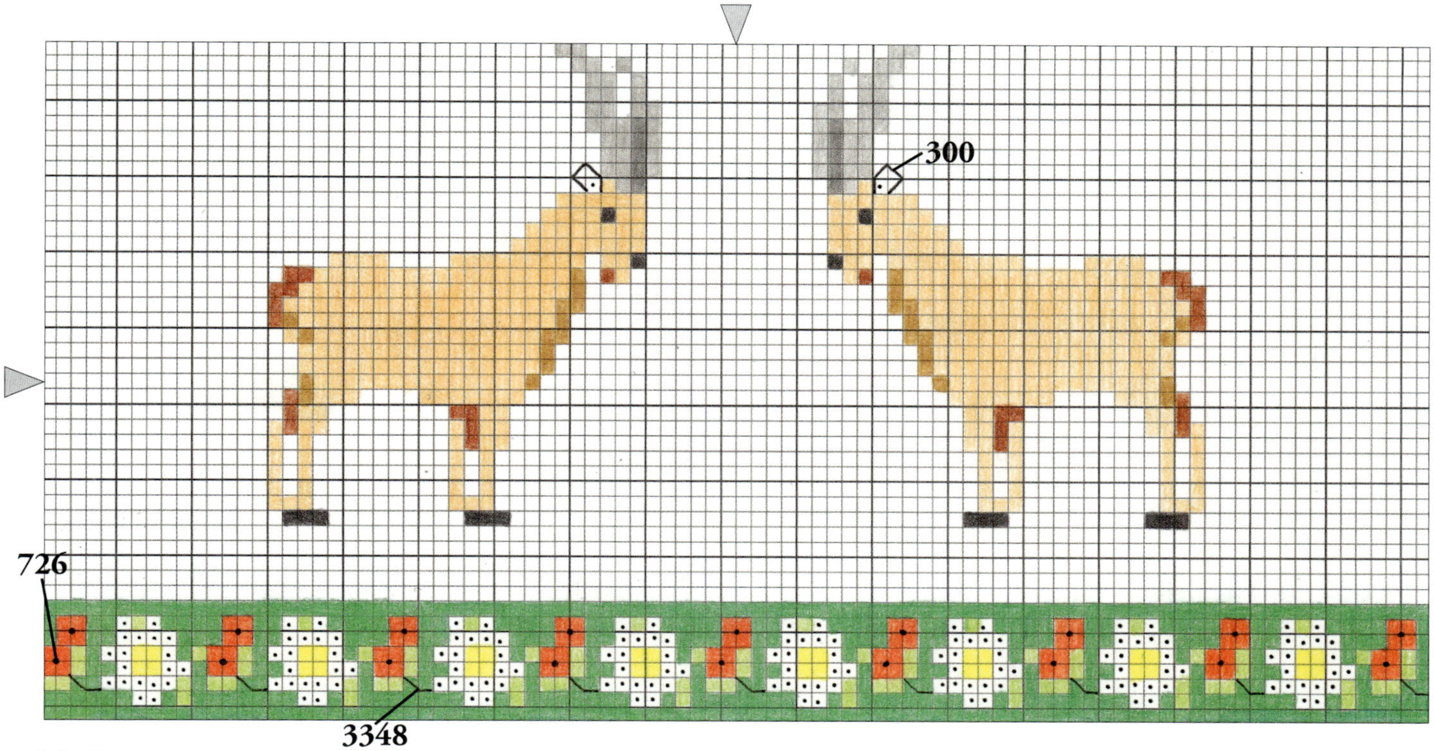

Mouliné
Spécial DMC

- 437
- 435
- 300
- 648
- 645
- 413
- 3348
- 909
- 817
- 726
- Blanc

—— pt de piqûre, voir diagramme

Mouliné
Spécial DMC

- 563
- 562
- 726
- 762
- Blanc

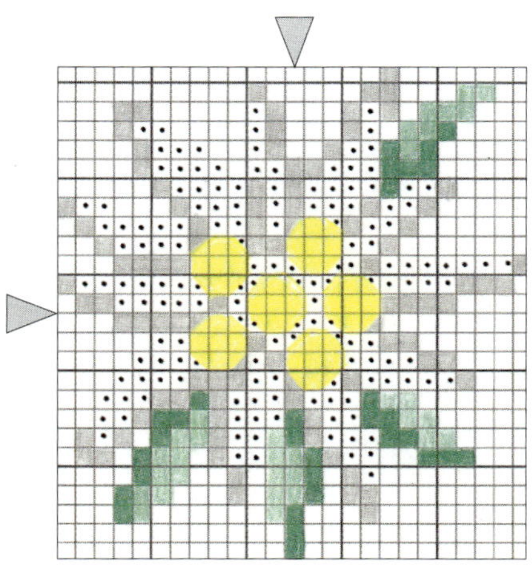

Coussin

Les papillons

Fournitures

Toile de lin écru (12 fils au cm) : deux carrés de 32 x 32 cm (coutures comprises 1 cm) ;
une fois 16 x 32 cm pour la parementure devant ;
une fois 6 x 32 cm pour la parementure dos ;
quatre fois 12 x 35 cm pour les pans des nœuds.
Passepoil fin bleu ciel : 92 cm.
Un coussin de 30 x 30 cm.
Une échevette de Mouliné Spécial DMC :
bleu 826, 827,
vert 563, 562, 3346, 3348, 772, 833, jaune 727, 725,
orange 742, 740,
rose 3326, 3722,
violet 210, 208, 550,
gris 415, 413, 452, 646, Blanc.

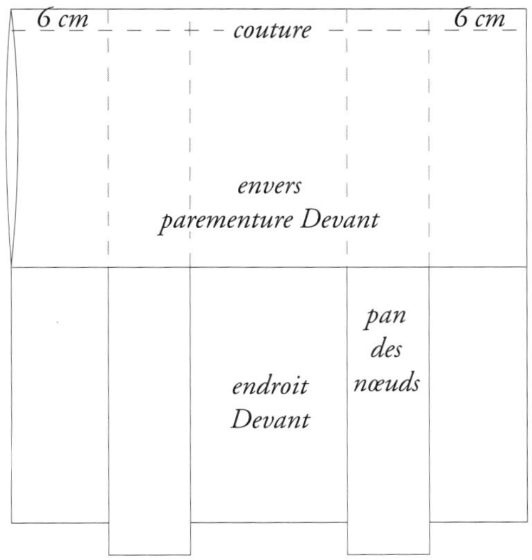

Réalisation

Surfiler les morceaux de lin. Repérer l'emplacement de la broderie sur la toile, en centrant bien le motif. Les tiges des fleurs doivent se trouver à environ 5,5 cm du bas. Broder au point de croix avec 2 brins de Mouliné sur 2 fils de trame. Pour le point de piqûre, utiliser 1 brin. La broderie terminée, repasser soigneusement sur l'envers. Plier en deux les quatre pans des nœuds, piquer sur trois côtés, retourner, repasser. Épingler ces bandes sur l'endroit du devant et du dos, à 6 cm des bords, poser par-dessus les parementures, endroit contre endroit, piquer des coutures de 1 cm (fig. ci-dessus). Retourner sur l'endroit, repasser en écrasant les coutures au fer à repasser. Bâtir le passepoil sur les trois côtés restants du dessus du coussin, poser le dessous endroit contre endroit, en prenant le passepoil entre les deux épaisseurs, piquer à 1 cm du bord au ras du passepoil. Ne prendre que la parementure du dos dans la couture, laisser libre celle du devant qui cachera le coussin. Retourner sur l'endroit, repasser soigneusement, glisser à l'intérieur le coussin de 30 x 30 cm, faire les nœuds.

413
725
413
740
413
740
413
725
413
725
413
740
550
3722

Mouliné
Spécial DMC

- 3326
- 208
- 210
- 827
- 826
- 772
- 3348
- 3346
- 563
- 562
- 833
- 727
- 725
- 742
- 740
- 415
- 413
- 452
- Blanc
- 646

—— pt de piqûre, voir diagramme

---- raccord

Papier quadrillé à utiliser pour les diagrammes.

Technique et conseils

L'univers de la broderie,
monde chatoyant fait de matières, de couleurs,
de formes et de rêves, attire sans cesse de nouvelles passionnées
qui découvrent le plaisir de préparer un ouvrage.
Choisir un modèle, des fils, sélectionner un tissu,
fabriquer un nuancier sont autant de plaisirs
intimement liés à la broderie.
Les pages qui suivent se proposent de parcourir
ce monde des supports, des fils,
de tout ce qui est nécessaire pour broder.
Ces explications doivent permettre à chacune de s'approprier
les modèles proposés, en changeant soit le tissu,
soit le type de fil ou tout autre élément.

Points de broderie

Point de croix en deux temps

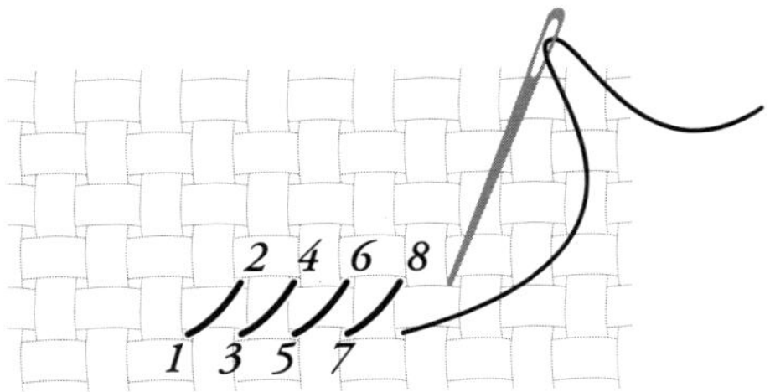

1. Faire des points en biais en partant du coin inférieur gauche vers le coin supérieur droit, en suivant l'ordre numérique.

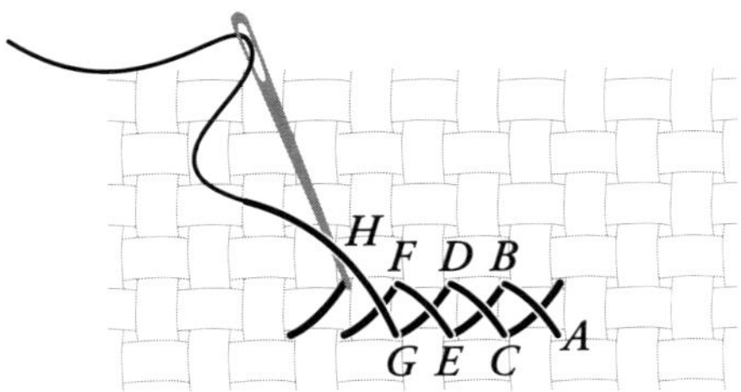

2. À la fin du rang, sortir le fil dans le coin inférieur droit (A) et piquer en haut à gauche (B). Continuer en suivant l'ordre alphabétique.

Point de piqûre

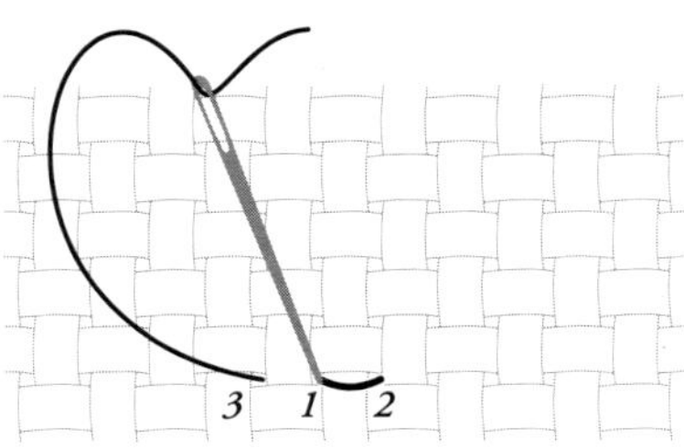

Sortir le fil en 1, piquer en 2, sortir en 3, piquer en 1, et ainsi de suite.

Point de croix en un temps

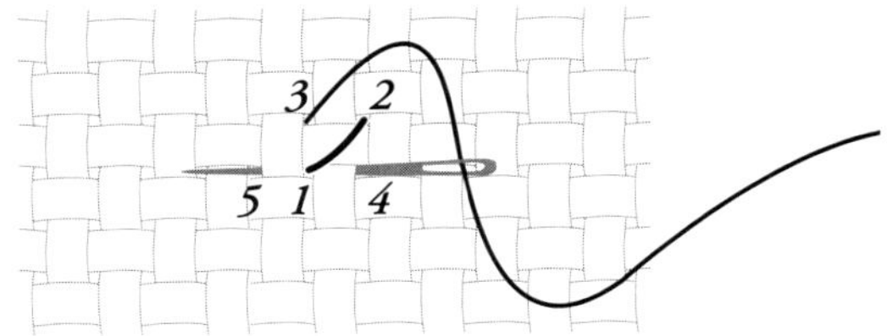

1. Sortir le fil en 1, piquer en 2, sortir en 3, piquer en 4. Commencer une nouvelle croix en faisant sortir le fil en 5.

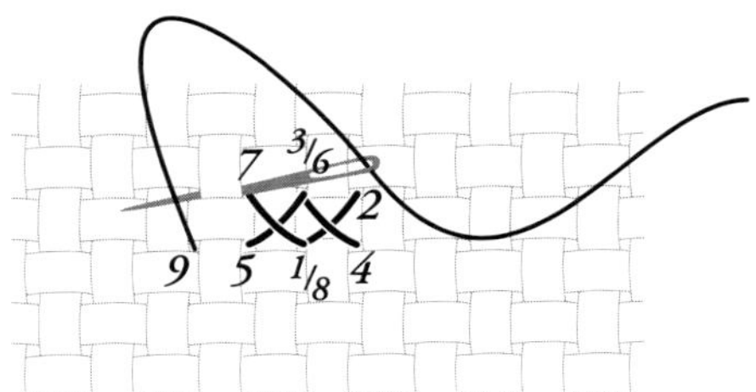

2. Continuer le rang de droite à gauche en fermant la croix au fur et à mesure.

Point de nœud

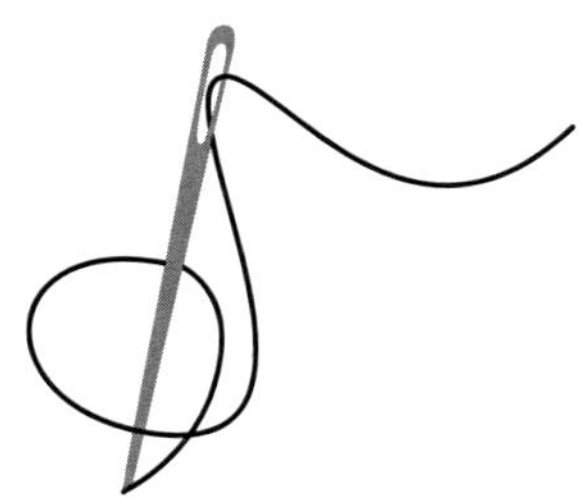

Sortir l'aiguille au point voulu. Entortiller le fil autour de l'aiguille. Repiquer l'aiguille dans le tissu. Tirer en maintenant le nœud en place.

Les toiles et autres supports

Bien qu'il soit possible de réaliser le point de croix sur différentes sortes de tissus, il est préférable que ces tissus aient une trame bien visible, dont on puisse compter les fils. Pour effectuer un point de croix parfaitement régulier, la toile doit avoir le même nombre de fils de trame (sens de la largeur) que de fils de chaîne (sens de la longueur) par centimètre carré. Le tissage doit aussi être peu serré de façon à pouvoir compter plus facilement les points.

Les toiles de base

La toile la plus répandue et la plus simple à utiliser est la toile Aïda. C'est une toile nattée dont le tissage forme des carrés réguliers délimités, à chaque angle, par des trous dans lesquels on pique l'aiguille pour former le point de croix. Chaque carré permet donc de broder une croix. La toile Aïda est disponible en différentes grosseurs, – c'est-à-dire qu'elle compte de 3 à 7 points par centimètre –, en plusieurs largeurs et en divers coloris. La plus courante compte 5,5 points par centimètre. Cette toile, avec 4 ou 3 points au centimètre, est tout indiquée pour des travaux de jeunes enfants.

Les toiles unifil sont des étamines à tissage régulier dans lequel les fils de trame et les fils de chaîne s'entrecroisent un à un. Elles existent en différentes qualités, sont composées de matières naturelles ou synthétiques, parfois d'un mélange des deux. Les plus épaisses comptent 3 fils par centimètre, les plus fines de 12 à 14. Plus le nombre de fils est élevé, plus le tissu est fin et plus la broderie sera délicate. Le point de croix s'effectue sur 1, 2 ou 3 fils de trame et de chaîne, selon la finesse du point recherché et la grosseur du fil utilisé. Le point de croix classique se travaille généralement sur 2 fils de tissu. Dans cette catégorie, on trouve tout particulièrement les toiles de lin, souvent très fines, un peu difficiles à travailler mais qui donnent un rendu d'une délicatesse incomparable. Pour travailler plus confortablement, il peut être utile d'avoir une loupe spéciale, qui se porte autour du cou. Les toiles de coton et de coton mélangé appartiennent à cette catégorie, comme la Lugana, très agréable à travailler et qui compte 10 fils par centimètre. Enfin, il existe une toile particulière qui permet de broder sur n'importe quel tissu : le tire-fil (voir page 184). L'inconvénient du tire-fil est la difficulté de s'en procurer à la bonne taille de la broderie recherchée. En d'autres termes, on ne peut pas choisir le nombre de fils par centimètre. C'est pour cette raison que j'utilise plutôt n'importe quelle toile de la famille des unifil, qu'elle soit en lin pour les broderies fines ou qu'il s'agisse de la Lugana pour broder sur des tissus épais comme la laine polaire. Donc, ne pas hésiter à essayer toutes ses chutes, à condition que ce soit un tissage fil à fil.

Les galons

Ce sont des bandes de toiles à broder qui existent en différentes trames : Aïda ou unifil ; en différents matériaux, lin ou coton, coton mélangé ; en de nombreux coloris et largeurs avec des finitions de bordure, de plus en plus variées et raffinées.

Les objets « prêts à broder »

Devant l'engouement pour le point de croix, la gamme des toiles fantaisie comme celle des objets confectionnés, dont une partie est prévue pour le point de croix, s'enrichit sans cesse. Le choix est particulièrement étendu, cependant c'est la qualité qui doit l'emporter. Une broderie au point de croix mérite un beau support, simple mais solide.

Les fils

Le choix du fil et de ses couleurs est un moment très agréable, les gammes étendues invitent au rêve. Il faut, sans hésiter, choisir les coloris qui plaisent en cherchant à les marier le plus harmonieusement possible. La Société DMC offre aux brodeuses un large éventail de fils, que ce soit par leurs qualités : fins ou épais, mats ou brillants, ou par leurs couleurs. Il faut choisir le fil le mieux adapté en fonction du motif, de la toile et du goût de chacune. Le plus utilisé pour le point de croix est sans aucun doute le Mouliné Spécial DMC. C'est un fil de coton d'aspect brillant, composé de 6 brins légèrement torsadés et facilement séparables. Il permet, en dissociant les brins, de trouver la grosseur de fil idéale pour chaque toile. Il se présente en échevette de 8 mètres. La gamme compte actuellement 428 coloris.

Le Fil Fleur est un fil de coton fin et d'aspect mat, prêt à l'emploi. Riche de ses 180 coloris doux et subtils, très agréable à travailler, il s'emploie sur des supports fins, en particulier sur les toiles de lin.

Le Coton Perlé, particulièrement solide, est un fil de coton brillant composé de 2 brins torsadés. Il est disponible en trois grosseurs (n° 3, n° 5 et n° 8), et en de nombreuses couleurs.

Les fils à broder métallisés, utilisés par petites touches, éclairent d'une lumière délicate une broderie toute simple. Le choix des couleurs et des grosseurs est de plus en plus vaste. Ces fils existent en couleur or, argent et dans d'autres teintes tout aussi scintillantes.

Les accessoires

Les aiguilles

Les aiguilles à broder ont un chas large, elles sont assez courtes, ont un bout pointu ou rond selon la toile sur laquelle on travaille. Pour exécuter le point de croix, à points comptés, on utilise une aiguille à bout rond, dont les tailles sont numérotées de 13 à 26. Plus le numéro est élevé, plus l'aiguille est courte et fine. Le choix se fait en fonction de la toile : plus elle est fine, plus le chas de l'aiguille doit être fin, de façon à ne pas marquer le tissu et à glisser entre les fils de trame sans les accrocher. Mais chaque brodeuse a ses habitudes, il faut trouver la taille la mieux adaptée à ses doigts. Pour ma part, j'aime les aiguilles fines, en particulier les n°s 26 pour broder sur le lin avec 2 brins de Mouliné Spécial DMC et du Fil Fleur. Pour broder avec le tire-fil, donc sur une toile à tissage serré, il faut prendre une aiguille à broder à bout pointu, disponible dans les tailles allant de 1 à 10, qui puisse sans difficulté traverser le tissu. Il peut être nécessaire de prendre un dé. L'aiguille doit toujours être bien lisse pour ne pas endommager l'ouvrage, il ne faut donc pas hésiter à en changer si besoin est ; certaines personnes oxydent assez vite leur aiguille.

Les tambours à broder

Outil indispensable, le tambour est composé de deux cercles de bois s'emboîtant l'un dans l'autre. Sur le cercle extérieur, une vis réglable ajuste bien les différentes épaisseurs de tissu au tambour. En tendant la toile, il est plus facile d'obtenir des points de croix réguliers grâce à une tension constante du fil. Les tambours ont des diamètres variés. Il est conseillé d'en posséder plusieurs de façon à adapter leur taille à l'ouvrage afin de le déplacer le moins souvent possible. Pour commencer, un diamètre de 15 cm environ est une bonne moyenne. Certains tambours de plus grande taille se posent ou se fixent sur une table ou sur un pied, d'autres se maintiennent sous le genou. Ils permettent d'avoir les deux mains libres pour broder, l'une restant sous l'ouvrage, l'autre sur le dessus.

Les ciseaux

Il faut deux paires de ciseaux : des ciseaux de couture pour tailler la toile, et des ciseaux à broder, d'environ 12 cm de longueur, à bouts pointus et bien coupants pour sectionner les fils. Ils doivent être réservés à ce seul usage, car la pointe et les lames risqueraient de s'émousser. Certaines brodeuses y passent un ruban afin de les porter autour du cou pendant le travail, ce qui évite ainsi de les chercher sans cesse. Il en existe de ravissants, décorés avec fantaisie, dorés ou argentés, qui peuvent être un cadeau idéal pour une brodeuse débutante ou confirmée.

Autres accessoires utiles

Un mètre-ruban pour mesurer avec précision.

Une bonne lampe de lecture ou de couture est absolument indispensable pour broder le soir. Il est en effet nécessaire d'avoir un bon éclairage pour compter les fils du tissu et sélectionner les coloris des fils à broder.

Un tableau magnétique peut être bien utile. On y fixe, à l'aide d'aimants, le diagramme sur lequel on peut ajouter une règle-loupe aimantée qui en facilite la lecture.

Une loupe à broder peut se révéler indispensable pour

de petits ouvrages. Il en existe de toutes sortes, certaines munies d'une lampe permettent de broder dans une pièce mal éclairée, d'autres se portent autour du cou laissant les mains libres.

Comment utiliser les diagrammes

Les ouvrages présentés dans ce livre sont des broderies dites « à points comptés », ce qui signifie que le dessin est donné sur une grille (ou diagramme), sur laquelle chaque carré représente un point de croix à broder sur la toile. Un carré sur le diagramme égale un point de croix effectué par-dessus un bloc de fils, au croisement d'un fil de trame et d'un fil de chaîne. Chaque couleur est représentée sur la grille d'une façon précise : un aplat de couleur accompagné ou non d'un signe à l'encre noire, ou un symbole noir tout seul. Un carré vide correspond donc à un carré non brodé. La signification des couleurs et des symboles accompagne toujours le diagramme sous forme d'une légende. Les photographies des ouvrages, dont les couleurs sont plus proches de la réalité que celles des grilles, aident souvent à la réalisation de la broderie. Lorsque la grille s'étend sur plusieurs pages, la lisibilité peut être difficile, il faut alors faire des photocopies, si possible en couleur, puis les assembler en se servant des lignes de raccord. Pour les diagrammes en noir et blanc, si les carreaux paraissent trop petits, on peut les agrandir à la photocopieuse ou utiliser une règle grossissante. Sur chaque diagramme, les milieux sont indiqués par des flèches. Ces repères sont indispensables pour bien centrer la broderie sur la toile. On y remarquera aussi des traits pleins : c'est le point de piqûre qui sert à cerner, à mettre en valeur un motif. La couleur à utiliser est indiquée sur la grille elle-même. Ce point s'exécute toujours à la fin, quand tout le point de croix est brodé.

La préparation de l'ouvrage

La toile

Quelle que soit la toile choisie il faut, pour la couper aux dimensions voulues, suivre le droit-fil sur les quatre côtés en utilisant des ciseaux de couture. Il faut laisser une marge d'au moins 8 cm autour de la broderie. Pour que le tissu ne s'effiloche pas, il est préférable de surfiler, à la machine ou à la main, les côtés. Le point de croix se travaillant à partir d'une grille, il est conseillé de marquer le centre du tissu et de le faire coïncider avec le centre du diagramme indiqué par des flèches. La méthode la plus simple est de plier le tissu en quatre, puis avec un fil de couleur de faufiler une ligne verticale et une ligne horizontale en suivant les plis. L'intersection des deux fils correspond à celle des deux flèches du diagramme. Ce repérage permet de bien centrer la broderie. Une fois l'ouvrage terminé, on ôte les fils de bâti.

Les fils

Lorsque l'ouvrage choisi compte un grand nombre de couleurs, il peut être très utile de les ordonner à l'aide, par exemple, d'un papier bristol perforé. Repérer les fils à la lumière du jour, en vous aidant des indications données par la légende du diagramme et la photographie de l'ouvrage. Les ranger par couleur, en les nouant sur une carte perforée – il en existe de toutes prêtes dans le commerce –, noter à côté le numéro et le symbole correspondants. Avec un tel nuancier, les fils ne s'emmêleront plus, et c'est aussi une manière astucieuse de classer les fils des précédents ouvrages.

Comment broder

Le tambour

Pour broder au point de croix, il est vivement conseillé d'utiliser un tambour afin d'avoir une toile tendue d'une façon régulière pendant le travail. Pour éviter de marquer le tissu, on peut enrouler une bande de papier de soie autour du petit cercle. Pour bien tendre le tissu sur le tambour, poser le petit cercle sur une table, placer la toile par-dessus, l'endroit vers soi, emboîter le grand cercle et serrer la vis sans la bloquer ; retourner le tambour et tirer légèrement sur le tissu sans pour autant le déformer, tout en maintenant le petit cercle ; serrer la vis. Lorsque l'on interrompt son travail, il est préférable de desserrer la vis.

La manipulation des fils

Il est important de manipuler les fils avec soin pour ne pas ternir leur lustre. L'aiguillée ne doit pas mesurer plus de 45 cm environ. Si elle est trop longue, le fil s'entortille, s'effiloche et perd de son brillant. Si, pendant le travail, le fil se vrille, il faut lâcher l'aiguille et laisser pendre le fil jusqu'à ce qu'il s'arrête de tourner. Le plus souvent, le fil préconisé pour le point de croix est le Mouliné Spécial DMC composé de 6 brins. Pour chaque ouvrage, le nombre de brins à utiliser est indiqué dans les explications. Les 6 brins du Mouliné doivent être séparés un à un. On réunira ensuite autant de brins que nécessaire. Pour séparer les brins, tenir le fil préalablement coupé et dégager doucement chaque brin. De cette façon, le point sera régulier. Pour enfiler l'aiguille, entourer le chas avec le fil tenu fermement, faire glisser l'aiguille hors de la boucle formée par le fil et introduire celle-ci dans le chas. L'enfile-aiguille peut apporter une aide précieuse : insérer l'embout métallique dans le chas de l'aiguille, y engager le fil et tirer le tout à travers le chas.

Début et fin d'une aiguillée

Dans la broderie au point de croix, on ne fait de nœuds ni au début ni à la fin d'une aiguillée, ils risqueraient d'apparaître en relief au repassage. Deux techniques permettent de s'en passer au début. Faire sortir l'aiguille et le fil sur l'endroit du tissu en ayant soin de laisser 2 à

3 cm au dos de l'ouvrage. Plaquer le bout du fil contre la toile et broder les premiers points de croix (4 ou 5) par-dessus celui-ci, de façon à l'emprisonner. Pour maintenir le fil de l'aiguillée suivante, le glisser simplement sous quelques points réalisés précédemment, toujours sur l'envers du tissu. L'autre méthode ne peut s'employer que si l'on travaille avec un nombre pair de brins. Couper un brin de 80 à 90 cm environ, le plier en deux, enfiler les deux extrémités dans le chas de l'aiguille, on obtient une boucle à l'autre bout. Faire un demi-point de croix (voir page 178) ; sortir en 1 et piquer en 2 puis, sur l'envers, passer l'aiguille dans la boucle ; tirer, le fil est noué sans nœud. Pour arrêter un fil, lorsqu'il reste environ 4 ou 5 cm, le glisser sous quelques points au dos de l'ouvrage et le couper au ras du tissu. Sur un ouvrage destiné à être souvent lavé, comme un vêtement, on peut faire un petit point arrière avant de couper le fil. Un conseil : ne pas craindre de couper au ras de la toile les fils en fin d'aiguillée, trop longs ils peuvent se voir par transparence sur l'endroit.

Broder avec un tire-fil

Si le tissu est trop fin, ou trop dense pour que l'on puisse compter les fils, comme sur des vêtements, on utilise un canevas provisoire appelé tire-fil. Toutes les toiles unifil peuvent se transformer en un tel canevas. Commencer par découper un morceau un peu plus grand que le motif à broder et le faufiler bien à plat, à petits points rapprochés, sur le tissu, en respectant bien les droits-fils. Tendre le tout sur un tambour, broder en prenant les deux épaisseurs (tissu + tire-fil) dans les points ; attention à ne pas piquer dans les fils du canevas. Une fois la broderie terminée, ôter le bâti, effranger les bords du tire-fil et tirer les fils restants, un à un, à l'aide d'une pince à épiler. Pour broder ainsi, il faut prendre une aiguille à bout pointu. Cette technique peut sembler un peu difficile, cependant ce n'est qu'une apparence et le résultat en vaut la peine !

Conseils généraux

Une broderie se commence généralement par le milieu, pour éviter le risque de manquer de toile en cours de travail. C'est la raison pour laquelle le milieu est toujours indiqué sur les diagrammes : il faut donc le marquer sur la toile avant de commencer à broder. Il vaut mieux ne pas broder de points éloignés les uns des autres avec la même aiguillée, le fil pourrait se voir par transparence, surtout s'il s'agit de couleurs sombres ou vives derrière une toile claire. Il vaut mieux arrêter le fil puis recommencer au nouvel emplacement. Si l'intervalle est court, le glisser sur l'envers, sous quelques points, sans trop tirer. On dit qu'une broderie réussie est aussi soignée sur l'envers que sur l'endroit.

Lorsque l'on brode une frise, il est parfois compliqué de l'exécuter en revenant en arrière pour former les points en deux temps ; on peut alors faire un rang de demi-points, de gauche à droite et ce, jusqu'à la fin de l'aiguillée puis, avec une seconde aiguillée, repartir du même point et fermer les croix, de gauche à droite également.

Si l'on choisit une autre toile que celle préconisée, il faut calculer les dimensions nécessaires : compter le nombre de points en largeur et en longueur sur le diagramme, diviser ces nombres par le nombre de points au centimètre de la toile. Ainsi un motif de 100 points sur 80 mesurera, une fois brodé sur une toile comptant 5,5 points au centimètre : 18,2 x 14,5 cm ; et sur une toile comptant 7 points au centimètre : 14,2 x 11,4 cm. Prévoir, en outre, entre 6 et 10 cm de chaque côté pour l'encadrement. En changeant de toile, il faut aussi choisir la grosseur du fil et de l'aiguille. Faire des essais en sachant que la croix du point doit à la fois couvrir la trame et se voir distinctement.

Conseils d'entretien

Si un ouvrage se salit on peut le laver, car les couleurs des fils DMC sont grand teint. C'est plutôt le support qui détermine les modalités de lavage, comme les toiles en lin naturel qui ont tendance à blanchir, en particulier les tons écrus. Il faut donc les laver à la main avec un détergent doux pour lainage. Humidifier l'ouvrage puis le repasser sur l'envers avec une pattemouille, sur une serviette de toilette ou un molleton pour ne pas écraser les points.

J'espère que ces informations multiples et variées vous aideront
dans la personnalisation de votre travail,
mais en aucun cas elles ne doivent vous empêcher de trouver
vos propres astuces, vos propres recettes ;
elles ne sont que des réponses parmi d'autres aux questions
que nous sommes parfois amenés à nous poser. Le plus important est de se laisser
porter par la passion qui, seule, permet de
surmonter bien des obstacles.

Adresses

Nous remercions tous ceux qui ont mis à notre disposition objets et accessoires pour la réalisation des photographies de cet ouvrage.

BONPOINT
MEUBLES
7, rue de Solférino,
75007 Paris,
tél. 01 45 51 79 22

C'EST MA
CHAMBRE
45, rue des Archives,
75003 Paris,
tél. 01 48 87 26 67
fax 01 48 87 26 66

CONCEPT
ETHNIC
51, rue des Francs-Bourgeois,
75004 Paris,
tél. 01 42 78 24 09

COULEUR
CAMPAGNE
points de vente au :
03 20 23 89 76

CRABTREE
& EVELYN
177, boulevard Saint-Germain,
75006 Paris,
tél. 01 45 44 68 76
fax 01 40 49 00 67

CSAO
123, rue de Grenelle,
75007 Paris,
tél. 01 45 55 99 05
fax 01 47 05 96 97

FLORENT MONESTIER
47 *bis*, avenue Bosquet,
75007 Paris,
tél. 01 45 55 03 01
fax 01 47 53 86 29

L'ENTREPÔT
50, rue de Passy,
75016 Paris,
tél. 01 45 25 64 17
fax 01 40 50 89 82

LE COMPTOIR
DE FAMILLE
35/37, passage Jouffroy,
75009 Paris,
tél. 01 42 46 79 25
fax 01 47 70 51 12

LE MONDE EN MARCHE
34, rue Dauphine,
75006 Paris,
tél. 01 43 29 09 49
fax 01 43 29 02 20

MERCERIE
Mme R. GAILLARD
57, rue Lecourbe,
75015 Paris,
tél. 01 45 67 06 76
fax 01 49 06 10 69

MULTICUBES
5, rue de Rivoli,
75004 Paris,
tél. 01 42 77 10 77

PAIN D'ÉPICES
29, passage Jouffroy,
75009 Paris,
tél. 01 47 70 82 65
fax 01 42 46 40 33

PETIT À PETIT
33, rue Mazarine,
75006 Paris,
tél. 01 46 34 81 82

ROBIN DES BOIS
15, rue Ferdinand-Duval,
75004 Paris,
tél. 01 48 04 09 36
fax 01 48 04 56 41

SI TU VEUX
68, galerie Vivienne,
75002 Paris,
tél. 01 42 60 59 97
fax 01 42 60 45 42

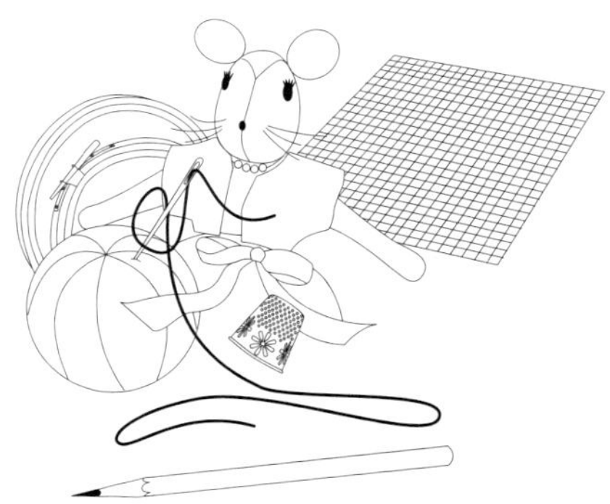

Les fournitures DMC sont disponibles dans les merceries, les boutiques Imagine, les grands magasins et les magasins Loisirs & Création :

Loisirs & Création

Printemps Haussmann,
GV8 Rayon 194,
64, boulevard Haussmann,
75009 Paris,
tél. 01 42 82 55 00

Centre commercial
Passy-Plaza, 53, rue de Passy,
75016 Paris,
tél. 01 42 15 13 43

Centre commercial
Créteil Soleil, CCR 412,
94016 Créteil Cedex,
tél. 01 49 56 07 57

Centre commercial
Carrefour-Villiers-en-Bière,
RN 7, BP 92, 77290
Dammarie-les-Lys,
tél. 01 64 87 92 72

Centre commercial Évry 2,
Boulevard de l'Europe,
91000 Évry,
tél. 01 69 36 20 34

Centre commercial
Grand Ciel, Boîte n° 224,
30, boulevard
Paul-Vaillant-Couturier,
94762 Ivry-sur-Seine Cedex,
tél. 01 43 90 00 87

Centre commercial Parly-II,
Local postal 360,
Av. du Général-de-Gaulle,
78158 Le Chesnay Cedex,
tél. 01 39 43 06 35

C.C. Euralille, n° 87,
59777 Lille,
tél. 03 20 51 39 01

Centre commercial
La Part-Dieu,
17, rue du Docteur-Bouchut,
69003 Lyon,
tél. 04 78 60 03 83

Centre commercial
Centre Bourse,
17, cours Belsunce,
13001 Marseille,
tél. 04 91 90 46 90

Centre commercial
des Halles,
24, place des Halles,
67000 Strasbourg,
tél. 03 88 32 81 81

Pour connaître le nom des distributeurs des produits DMC dans la région où l'on habite, écrire à : DMC, Service consommateurs, 13, rue de Pfastatt, 68057 Mulhouse, ou téléphoner au 03 89 32 45 28

•

Magasins Imagine

87 *ter*, rue Didot, 75014 Paris,
tél. 01 40 44 98 77

15, rue des Belles-Feuilles,
75016 Paris,
tél. 01 45 53 02 61

126, rue de Courcelles,
75017 Paris,
tél. 01 46 22 22 46

Galerie marchande Amiens Sud,
80044 Amiens Cedex,
tél. 03 22 89 47 97

6 *ter*, rue Pardessus,
41000 Blois,
tél. 02 54 74 61 34

Sarl Passe-Temps,
121, cours Alsace-Lorraine,
33000 Bordeaux,
tél. 05 56 48 25 22

36, rue de Corrèze,
19100 Brive,
tél. 05 55 84 80 87

5, place Saint-Pierre,
63000 Clermont-Ferrand,
tél. 04 73 37 47 82

9, boulevard de Verdun,
94120 Fontenay-sous-Bois,
tél. 01 48 77 83 80

8, cours Berriat, 38000 Grenoble,
tél. 04 76 87 70 79

7, rue Victor-Massé,
56100 Lorient,
tél. 02 97 21 08 12

5, rue de la Barre, 69002 Lyon,
tél. 04 72 41 78 00

2 *bis*, rue Paré, 44000 Nantes,
tél. 02 40 47 35 60

36, rue Jeanne-d'Arc,
45000 Orléans,
tél. 02 38 53 34 97

13, cours Bosquet,
64000 Pau,
tél. 05 59 27 66 27

11, rue Limogeanne,
24000 Périgueux,
tél. 05 53 09 61 55

17, rue Saint-Pierre,
43000 Le-Puy-en-Velay,
tél. 04 71 09 38 70

C.C. Les Trois Soleils,
18, rue d'Isly,
35000 Rennes,
tél. 02 99 31 48 17

C.C. de l'Hermitage,
Intermarché,
35780 La Richardais,
tél. 02 99 46 85 22

20, rue Guillaume-le-Conquérant,
76000 Rouen,
tél. 02 35 70 82 00

Martine Création,
11, place de l'Hôtel-de-Ville,
33160 Saint-Médard-en-Jalles,
tél. 05 56 70 00 30

47, Grand-Rue, 57400 Sarrebourg,
tél. 03 87 03 17 21

12, rue de Lille,
59200 Tourcoing,
tél. 03 20 26 53 09

1, rue Ferdinand-Marie,
26000 Valence,
tél. 04 75 56 00 83

2, rue Georges-Clemenceau,
78000 Versailles,
tél. 01 39 50 52 30

FILS À BRODER DMC Tableau de recherche des couleurs

Ce tableau vous permet de trouver rapidement dans la carte des couleurs reproduite ci-contre à quel numéro correspond une couleur. Les numéros des couleurs sont sur fond grisé et classés en ordre croissant. Les numéros en regard, sur fond blanc, vous renvoient à l'une des 26 colonnes de la carte des couleurs. La couleur recherchée s'y trouve.

ECRUT	22	211	6	400	19	563	11	727	17	813	8	910	11	971	18	3347	12	3773	20
BLANC	22	221	5	402	19	564	11	729	16	814	2	911	11	972	18	3348	12	3774	20
B5200	22	223	5	407	20	580	14	730	14	815	2	912	11	973	18	3350	3	3776	19
48	24	224	5	413	23	581	14	731	14	816	2	913	11	975	19	3354	3	3777	20
51	26	225	5	414	23	597	9	732	14	817	1	915	4	976	19	3362	13	3778	20
52	24	300	19	415	23	598	9	733	14	818	3	917	4	977	19	3363	13	3779	20
53	26	301	19	420	16	600	4	734	14	819	3	918	19	986	12	3364	13	3781	22
57	24	304	2	422	16	601	4	738	21	820	7	919	19	987	12	3371	21	3782	22
61	26	307	17	433	21	602	4	739	21	822	22	920	19	988	12	3607	4	3787	22
62	24	309	3	434	21	603	4	740	17	823	8	921	19	989	12	3608	4	3790	22
67	25	310	23	435	21	604	4	741	17	824	8	922	19	991	10	3609	4	3799	23
69	26	311	8	436	21	605	4	742	17	825	8	924	10	992	10	3685	3	3801	2
75	24	312	8	437	21	606	18	743	17	826	8	926	10	993	10	3687	3	3802	5
90	26	315	5	444	17	608	18	744	17	827	8	927	10	995	9	3688	3	3803	3
91	25	316	5	445	17	610	15	745	17	828	8	928	10	996	9	3689	3	3804	4
92	25	317	23	451	23	611	15	746	16	829	15	930	7	3011	15	3705	2	3805	4
93	25	318	23	452	23	612	15	747	9	830	15	931	7	3012	15	3706	2	3806	4
94	26	319	12	453	23	613	15	754	1	831	15	932	7	3013	15	3708	2	3807	7
95	24	320	12	469	13	632	20	758	20	832	15	934	13	3021	22	3712	1	3808	9
99	24	321	2	470	13	640	22	760	1	833	15	935	13	3022	22	3713	1	3809	9
101	25	322	8	471	13	642	22	761	1	834	15	936	13	3023	22	3716	2	3810	9
102	24	326	3	472	13	644	22	762	23	838	21	937	13	3024	22	3721	5	3811	9
103	25	327	6	498	2	645	23	772	12	839	21	938	21	3031	22	3722	5	3812	10
104	26	333	6	500	11	646	23	775	8	840	21	939	8	3032	22	3726	5	3813	11
105	26	334	8	501	11	647	23	776	3	841	21	943	10	3033	22	3727	5	3814	10
106	26	335	3	502	11	648	23	778	5	842	21	945	20	3041	5	3731	3	3815	10
107	24	336	8	503	11	666	2	780	16	844	23	946	18	3042	5	3733	3	3816	10
108	26	340	6	504	11	676	16	781	16	869	16	947	18	3045	16	3740	5	3817	10
111	26	341	6	517	9	677	16	782	16	890	12	948	1	3046	16	3743	5	3818	11
112	24	347	1	518	9	680	16	783	16	891	1	950	20	3047	16	3746	6	3819	14
113	25	349	1	519	9	699	14	791	7	892	1	951	20	3051	13	3747	6	3820	17
114	25	350	1	520	13	700	14	792	7	893	1	954	11	3052	13	3750	7	3821	17
115	24	351	1	522	13	701	14	793	7	894	1	955	11	3053	13	3752	7	3822	17
116	24	352	1	523	13	702	14	794	7	895	12	956	2	3064	20	3753	7	3823	17
121	25	353	1	524	13	703	14	796	7	898	21	957	2	3072	23	3755	8	3824	18
122	25	355	20	535	23	704	14	797	7	899	3	958	10	3078	17	3756	8	3825	18
123	25	356	20	543	21	712	21	798	7	900	18	959	10	3325	8	3760	9	3826	19
124	25	367	12	550	6	718	4	799	7	902	5	961	2	3326	3	3761	9	3827	19
125	25	368	12	552	6	720	18	800	7	904	14	962	2	3328	1	3765	9	3828	16
126	24	369	12	553	6	721	18	801	21	905	14	963	2	3340	18	3766	9	3829	16
208	6	370	15	554	6	722	18	806	9	906	14	964	10	3341	18	3768	10	3830	20
209	6	371	15	561	11	725	17	807	9	907	14	966	12	3345	12	3770	20		
210	6	372	15	562	11	726	17	809	7	909	11	970	18	3346	12	3772	20		

FILS A BRODER DMC

Mouliné Spécial Art. 117 - **Coton Perlé** Art. 115 ● nº 3 ○ nº 5 – **Coton Perlé** Art. 116 - ▲ nº 5 △ nº 8 ▽ nº 12

1
- 3713
- ● ○ ▲ △ 761
- ● ○ ▲ △ 760
- 3712
- ● ○ △ 3328
- ● ○ △ 347
- ● ○ 948
- ● ○ ▲ △ 754
- ● ○ △ 353
- ● ○ ▲ △ 352
- ● ○ △ 351
- ○ ▲ △ 350
- ● ○ 349
- ○ △ 817
- ● ○ △ 894
- ● ○ ▲ △ 893
- ● ○ △ 892
- ○ △ 891

2
- ○ 963
- 3716
- ○ 962
- ○ 961
- ● △ 957
- ● ○ △ 956
- 3708
- 3706
- 3705
- ○ △ 3801
- ● ○ ▲ △ ▽ 666
- ● ○ ▲ △ 321
- ○ △ 304
- ● ○ ▲ △ 498
- ○ △ 816
- ● ○ ▲ △ 815
- ▲ △ ▽ 814

3
- ○ △ 819
- ● ○ ▲ △ ▽ 818
- ● ○ ▲ △ 776
- ○ ▲ △ 3326
- ○ ▲ △ 899
- ○ △ 335
- ● ○ ▲ △ 309
- ○ 326
- ○ 3354
- 3733
- ○ 3731
- ○ 3350
- ● ○ ▲ △ ▽ 3689
- ○ ▲ △ 3688
- ● ○ ▲ △ 3687
- 3803
- ● ○ ▲ △ 3685

4
- 3806
- 3805
- 3804
- ● ○ ▲ △ 605
- ○ ▲ △ 604
- ● ○ △ 603
- ○ ▲ △ 602
- ● ○ △ 601
- ○ △ 600
- 3609
- 3608
- 3607
- ● △ 718
- 917
- ● ○ △ 915

5
- ● ○ △ ▽ 225
- ● ○ △ ▽ 224
- ● ○ △ ▽ 223
- 3722
- 3721
- ● ○ 221
- ○ △ ▽ 778
- 3727
- ○ △ ▽ 316
- 3726
- ○ △ 315
- 3802
- ● ○ ▲ △ 902
- ▲ △ ▽ 3743
- ○ △ ▽ 3042
- ○ △ 3041
- 3740

6
- ● ○ ▲ △ 554
- ● ○ ▲ △ 553
- ● ○ ▲ △ 552
- ● ○ ▲ △ 550
- ● ○ ▲ △ ▽ 211
- ● ○ ▲ △ 210
- ○ ▲ △ 209
- ● ○ ▲ △ 208
- ○ 327
- 3747
- ○ △ 341
- ○ △ 340
- 3746
- ○ △ 333

7
- ○ △ △ 794
- ○ 793
- 3807
- ○ 792
- ○ 791
- ● ○ ▲ △ 800
- ○ ▲ △ 809
- ● ○ ▲ △ 799
- ● ○ ▲ △ 798
- ● ○ ▲ △ 797
- ● ○ ▲ △ 796
- ○ △ 820
- ▲ △ ▽ 3753
- 3752
- ● ○ ▲ △ ▽ 932
- ○ ▲ △ ▽ 931
- ● ○ ▲ △ 930
- 3750

8
- 3756
- ○ 775
- ● ○ ▲ △ 3325
- 3755
- ○ ▲ △ 334
- ● ○ ▲ △ 322
- ○ ▲ 312
- ○ △ 311
- ● ○ ▲ △ 336
- ● ○ ▲ △ 823
- ○ 939
- ● ○ △ 828
- ● ○ ▲ △ 827
- ● ○ ▲ △ 813
- ● ○ △ 826
- ○ △ 825
- ○ 824

9
- 3761
- ● ○ ▲ △ 519
- ● ○ ▲ △ 518
- 3760
- ○ △ 517
- ● ○ ▲ △ 996
- ● ○ ▲ △ 995
- ● ○ ▲ △ 747
- 3766
- ● ○ 807
- ● ○ △ 806
- 3765
- 3811
- ● ○ 598
- ● ○ 597
- 3810
- 3809
- 3808

10
- 964
- ○ △ 959
- 958
- 3812
- ● ○ ▲ △ 943
- ● ○ ▲ △ 993
- ○ 992
- ○ △ 3814
- ● ○ ▲ △ 991
- ● ○ △ ▽ 928
- ● ○ △ ▽ 927
- ● ○ △ 926
- 3768
- ● ○ 924
- 3817
- 3816
- 3815

11
- ● ○ △ ▽ 504
- 3813
- ○ △ ▽ 503
- ● ○ 502
- ● ○ 501
- ● ○ 500
- 564
- 563
- 562
- 561
- ● ○ △ 955
- ○ ▲ △ 954
- ● ○ △ 913
- ● ○ △ 912
- ● ○ ▲ △ 911
- ○ 910
- ● ○ ▲ △ 909
- 3818

12
- ○ 966
- ○ △ 369
- ● ○ ▲ △ 368
- ● ○ ▲ △ 320
- ○ ▲ △ 367
- ● ○ ▲ △ 319
- ● ○ ▲ △ 890
- ● ○ 989
- ○ 988
- ● ○ 987
- ○ 986
- 772
- ● ○ ▲ △ 3348
- ● ○ ▲ △ 3347
- ● ○ ▲ △ 3346
- ● ○ ▲ △ 3345
- ○ ▲ 895

13
- ▲ △ ▽ 524
- 523
- 522
- 520
- ○ 3053
- ○ 3052
- ○ 3051
- 3364
- 3363
- 3362
- ● ○ 472
- ● ○ ▲ △ 471
- ● ○ 470
- ● ○ ▲ △ 469
- ● ○ ▲ △ 937
- ○ 936
- ○ 935
- ○ 934

14
- ○ △ 704
- ● ○ ▲ △ 703
- ● ○ ▲ △ 702
- ● ○ ▲ △ 701
- ● ○ ▲ △ 700
- ● ○ ▲ △ ▽ 699
- ● ○ ▲ △ 907
- ○ ▲ △ 906
- ● ○ ▲ △ 905
- ● ○ ▲ △ 904
- 3819
- ● ○ ▲ △ 581
- ● ○ ▲ △ 580
- ● ○ 734
- ○ 733
- ● ○ 732
- 731
- ● ○ 730

15
- ○ 3013
- ○ 3012
- ○ 3011
- 372
- 371
- 370
- ● ○ 834
- 833
- ● ○ 832
- 831
- ○ 830
- ● ○ 829
- ○ △ 613
- ○ △ 612
- ○ 611
- ○ 610

16
- ○ 3047
- ● ○ 3046
- ● ○ 3045
- ○ △ 422
- 3828
- ○ 420
- ○ 869
- ● ○ ▲ △ 783
- ● ○ ▲ △ 782
- ○ △ 781
- ● ○ ▲ △ 780
- ● ○ 746
- ● ○ 677
- ● ○ △ ▽ 676
- ● ○ 729
- 680
- 3829

17
- 3822
- 3821
- 3820
- ● ○ ▲ △ 445
- ● ○ ▲ △ 307
- ● ○ ▲ △ 444
- ○ 3078
- ○ ▲ △ 727
- ● ○ ▲ △ 726
- ● ○ ▲ △ 725
- ▲ △ ▽ 3823
- ● ○ ▲ △ 745
- ● ○ ▲ △ 744
- ● ○ ▲ △ 743
- ● ○ ▲ △ 742
- ○ △ 741
- ● ○ ▲ △ 740

18
- ● ○ ▲ △ 973
- ● ○ ▲ △ 972
- ● ○ 971
- 970
- ● ○ ▲ △ 947
- ○ ▲ △ 946
- ● ○ △ 900
- ● ○ △ 608
- ● ○ △ 606
- 3824
- 3341
- 3340
- 3825
- 722
- 721
- 720

19
- ● ○ ▲ △ 922
- ○ 921
- ● ○ ▲ △ 920
- ○ ▲ △ 919
- ● ○ △ 918
- ● ○ △ 402
- 3776
- ● ○ △ 301
- ○ 400
- ● ○ △ 300
- 3827
- ● ○ 977
- ● ○ 976
- 3826
- ● ○ 975

20
- 3770
- ● ○ 951
- ● ○ △ 945
- 3774
- ● ○ △ ▽ 950
- 3773
- 3064
- ● ○ 407
- 3772
- ● ○ 632
- 3779
- ● ○ △ ▽ 758
- 3778
- ● ○ △ ▽ 356
- 3830
- ● ○ △ 355
- 3777

21
- ● ○ ▲ △ ▽ 712
- ● ○ ▲ △ 739
- ● ○ ▲ △ 738
- ● ○ △ ▽ 437
- ● ○ ▲ △ 436
- ○ ▲ △ 435
- ○ ▲ △ 434
- ● ○ ▲ △ 433
- ● ○ ▲ △ 801
- ● ○ ▲ △ 898
- ● ○ ▲ △ 938
- ○ 3371
- ○ 543
- ● ○ ▲ △ ▽ 842
- ● ○ ▲ △ 841
- ● ○ ▲ △ 840
- ○ 839
- ● ○ 838

22
- ● ○ ▲ △ ▽ B5200
- ● ○ ▲ △ ▽ BLANC
- ● ○ ▲ △ ▽ ECRU
- ○ 3024
- 3023
- ○ 3022
- 3787
- ○ 3021
- ● ○ ▲ △ ▽ 822
- ● ○ ▲ △ ▽ 644
- ● ○ ▲ △ ▽ 642
- ● ○ ▲ △ ▽ 640
- 3790
- ○ △ ▽ 3033
- 3782
- 3032
- 3781
- 3031

23
- ○ 453
- 452
- ○ 451
- 535
- ○ 3072
- ○ 648
- ○ 647
- ○ 646
- ○ 645
- ○ 844
- ● ○ ▲ △ 762
- ● ○ ▲ △ ▽ 415
- ● ○ ▲ △ 318
- ● ○ ▲ △ 414
- ○ 317
- ● ○ ▲ △ 413
- 3799
- ● ○ ▲ △ ▽ 310

24
- ○ △ 48
- △ 116
- △ 62
- △ 112
- ○ △ 107
- ○ △ 57
- △ 75
- ○ △ 115
- ○ △ 99
- ○ △ 95
- △ 126
- ○ △ 52
- △ 102

25
- 124
- ○ △ 93
- 113
- ○ △ 121
- 103
- △ 67
- ○ △ 91
- △ 123
- △ 125
- ○ 101
- △ 114
- ○ △ 122
- ○ △ 92

26
- △ 94
- ○ △ 104
- ○ △ 90
- ○ 108
- ○ △ 51
- △ 106
- △ 111
- ○ △ 61
- ○ △ 105
- △ 69
- ○ △ 53

Table des matières

Collection Arts d'intérieurs

L'Ébéniste restaurateur
par François Germond

La Couleur dans la décoration
par Tricia Guild

Encyclopédie des ouvrages de dames
par Thérèse de Dillmont

Décor sur porcelaine
Les motifs de Meissen
par Uwe Geissler

Peindre son intérieur
par Judith & Martin Miller

Le Cristal et l'Orfèvrerie
par Roland Barois, Jacques Mouclier & Marc de Ferrière

Broderies romantiques des quatre saisons
par Elizabeth Bradley

Décor sur porcelaine
Motifs de l'Orient
par Dony Karandjoulov-Alexiev

Une décoration naturelle
par Tricia Guild

Broder le linge de maison
Les créations D. Porthault
par Eglé Salvy

Décorez votre table
par Pamela Westland

La Couture dans la maison
par Marie Gouny

Cours de broderie à la main
par Yvonne Van de Velde-Malbranche & Christine Rosenthal

Tables de charme
par Inès Heugel & Pascale Chastres

Motifs pour peindre les meubles
par Belinda Ballantine

Compositions florales
par Paula Pryke

Broder au point de croix
par Catherine Allègre-Papadacci

Bestiaire à broder
par Elizabeth Bradley

Habillez vos fenêtres
par Marie Gouny

Chiffrer le linge de maison
Créations D. Porthault
par Eglé Salvy

Intérieurs de charme
par Kaffe Fassett

Cadres de charme
par Maryvonne Le Chevalier

Bouquets de saison
par Jane Packer

Broder les saisons
par Adeline Dieudonné & Martine Roy

La Broderie décorative
par Mary Norden

Chambres et meubles peints
par Amelia Saint-George

Le Charme suédois
par Katrin Cargill

La Couture d'intérieur
par Gabi Tubbs

Couture et rubans
par Marie Gouny

Décorer son intérieur
par Nick Ronald & David Roberts

Le Guide de la peinture décorative
par Kevin McCloud

J'habille mon bébé
par Sylvie Loussier

Peindre sur porcelaine
par Uwe Geissler

Alphabets et monogrammes
par Yvonne Van de Velde-Malbranche & Christine Rosenthal

Une décoration de charme
par Carolyn Quartermaine

Couronnes de saison
par Susanna Morrison

Bouquets de fête
par Mary Jane Vaughan

La Mosaïque dans la maison
par Paul Siggins & Paul Cooper

Le Guide de la décoration rustique
par Judith Miller

Fêtes fleuries
par Paula Pryke

La Maison du bien-être
par Ilse Crawford

Fruits en appliqué
par Annick Huet

Broder des smocks pour les enfants
par Eglé Salvy

Bouquets de mariée
par Shane Connolly

Les Quilts de Kaffe Fassett
par Kaffe Fassett

Le Point de Bargello
par Joyce Petschek

Canevas en fête
par Jill Gordon

Broder avec de la laine
par Mary Norden

Laine et lin
par Catherine Bouquerel

La Couture chez Marie
par Marie Gouny

Leçon de broderie
par Yvonne Van de Velde-Malbranche & Christine Rosenthal

Pochoirs en fête
par Simone Smart